Kinder fordern uns heraus
Ratgeber für die Familie bei Klett-Cotta

Hermann Giesecke

Das Ende der Erziehung
Neue Chancen
für Familie und Schule

Klett-Cotta

Klett-Cotta
© J. G. Cotta'sche Buchhandlung Nachfolger GmbH, gegr. 1659,
Stuttgart 1985
Fotomechanische Wiedergabe
nur mit Genehmigung des Verlages
Printed in Germany
Umschlag: Klett-Cotta-Design
gesetzt aus der Melior von Jung Satzcentrum, Lahnau
Auf säure- und holzfreiem Werkdruckpapier gedruckt
und gebunden von Clausen & Bosse, Leck
Um ein Vorwort ergänzte Ausgabe
Erste Auflage dieser Reihe, 1996

Die Deutsche Bibliothek – CIP-Einheitsaufnahme
Giesecke, Hermann:
Das Ende der Erziehung : neue Chancen für Familie und Schule
/ Hermann Giesecke. – Um ein Vorw. erg. Ausg., 1. Aufl.
dieser Reihe. – Stuttgart : Klett-Cotta, 1996
(Kinder fordern uns heraus)
ISBN 3-608-91766-7

Inhalt

Vorwort zur Neuausgabe

Der Titel dieses Buches, *Das Ende der Erziehung*, soll zum Ausdruck bringen, daß auf Grund einer Reihe von historisch-kulturellen Veränderungen die Bedingungen für das, was wir herkömmlich „Erziehung" nennen, weitgehend entschwunden sind. Insofern stellt der Titel nur ein sachliches Ergebnis fest und erhebt keine beliebige Forderung. Es resultiert aus der Tatsache, daß sich die Lebenswelt nicht nur von Erwachsenen, sondern auch von Kindern pluralisiert hat; schon vor dem Schuleintritt werden Kinder durch Fernsehen, Gleichaltrige und den Konsummarkt von Weltanschauungen und Werten umworben, die miteinander in einer Art von Wettbewerb stehen. In diesen Widersprüchen muß sich das Kind frühzeitig eine eigene Position verschaffen, weil der einzelne Mensch nicht pluralistisch leben kann, sondern eine unverwechselbare Identität in der Auseinandersetzung mit den vorgefundenen konkurrierenden Wertangeboten entwickeln muß. Mit „Erziehung" verbinden wir traditionell jedoch die Vorstellung, alle diese konkurrierenden Faktoren könnten von Eltern und/oder Lehrern ganzheitlich und einheitlich kontrolliert und gesteuert werden. Das aber ist nicht mehr möglich, und deshalb können wir den überlieferten Begriff von Erziehung nicht mehr sinnvoll verwenden.

In den Diskussionen jedoch, die ich seit dem Erscheinen des Buches vor elf Jahren mit Eltern, Lehrern und Sozialpädagogen habe führen können, ist mir aufgefallen, daß für viele, gerade auch pädagogisch engagierte Menschen das deutsche Wort „Erziehung" eine tief in die Persönlichkeit reichende Bedeutung hat, – so, als wollte man ihren Kindern etwas zuleide tun oder die für sie zuständigen Erwachsenen kränken, wenn man diesen Begriff für entbehrlich hält. Diese starke Fixierung beruht unter anderem wohl darauf, daß dieser Begriff gar nicht erklärt, was wir warum mit unseren Kindern tatsächlich tun, sondern daß wir damit *positiv bewerten*, was wir tun. „Erziehung" ist kein Handlungs-, sondern ein Legitimationsbegriff für alle, die sich im Umgang mit Kindern für guten Willens halten. „Erziehung" drückt ja keine bestimmte Handlung aus. Was tun wir denn, wenn wir „erziehen"? Wir unterrichten, beraten, informieren, animieren, setzen Grenzen, ärgern uns, freuen uns, trösten, ermutigen, unterstützen, streiten uns usw. Wenn wir dies „Erziehung" nennen, dann *rechtfertigen* wir nur unser Handeln, ohne uns über die Einzelheiten unseres Tuns Rechenschaft abgeben zu müssen. Statt dessen bestehen wir einfach darauf, daß ein verantwortlicher, mitmenschlicher Umgang mit Kindern etwas qualitativ anderes sei, als wenn es sich dabei um Erwachsene handelt; denn unterrichten, beraten usw. können wir ja auch im Umgang mit Erwachsenen, aber dann nennen wir es nicht „Erziehung". Das deutsche Wort „Erziehung" drückt offensichtlich aus, daß alles, was wir normalerweise im Umgang mit Erwachsenen tun, im Umgang mit Kindern eine besondere Bedeutung bekommen muß, und dies nicht etwa nur in seltenen Krisensituationen (z. B. zur Abwehr drohender Gefahr), sondern auch im normalen Alltag.

Ich versuche in diesem Buch zu erklären, warum diese strikte kulturelle Trennung von Erwachsenen und Kindern, die erst in der Neuzeit entstanden ist, nun zu Ende geht und wieso dies auch eine neue Chance im Umgang der Generationen miteinander ist. Was bleibt, ist die Tatsache, daß Kinder und Jugendliche bis zu ihrer Volljährigkeit rechtlich von bestimmten Erwachsenen vertreten werden und daß von daher unter Umständen auch Eingriffe in das Leben der Kinder erfolgen müssen. Aber das sind relativ seltene Grenzsituationen, die jedoch für den normalen Alltag bedeutungslos bleiben können. Würde man von diesen Grenzsituationen her den Alltag bestimmen wollen, so wäre das ähnlich gefährlich, als wenn man politisch den Frieden durch die Abwesenheit von Krieg definieren würde; dann wäre nämlich der Krieg der *Maßstab* auch der friedlichen Lebensphasen. Alle anderen Unterschiede zwischen Kindern und Erwachsenen gehören zu den zahlreichen kulturellen Ungleichheiten, die unser Leben bereichern: klein und groß, stark und schwach, weiblich und männlich, jung und alt, krank und gesund usw., und dies in allen möglichen Kombinationen. Meine These, wir sollten Kinder wie kleine, aber ständig größer werdende Erwachsene behandeln, will nicht diese kulturellen Ungleichheiten leugnen oder die altersspezifischen Bedürfnisse ignorieren, sondern darauf aufmerksam machen, daß Kinder nicht die einzigen Menschen sind, die altersspezifische Bedürfnisse haben, auf die entsprechend Rücksicht zu nehmen ist. Nur wenn wir in diesem Generationszusammenhang Kinder als selbstverständliche Zeitgenossen behandeln, ohne ihnen einen kulturellen Ausnahmestatus einzuräumen, werden wir auch ihren spezifischen Bedürfnissen gerecht; denn gerade der durch „Erziehung" ausgedrückte Sonderstatus ist es, aus dem wir die Berechtigung ableiten, ständig in das Leben der Kinder einzugreifen, deren Interessen stellvertretend wahrzunehmen oder sie gar als unser emotionales Eigentum zu betrachten.

Verständlicherweise hat dieses Buch Zustimmung, aber auch teilweise heftige Kritik gefunden. Eine gebührend detaillierte Auseinandersetzung damit würde hier den Rahmen sprengen. Ersatzweise nenne ich statt dessen in den Literaturhinweisen einige ausführlichere Stellungnahmen, die mir bekannt geworden sind. An dieser Stelle müssen knappe Hinweise genügen.

1. Ergibt es Sinn, im I. Teil des Buches das „Ende der Erziehung" zu verkünden, um diesen Begriff im II. Teil, wo es um praktische Konsequenzen geht, wieder einzuführen? Zeigt sich daran nicht, daß es eigentlich nur darum geht, eine *falsch* gewordene Vorstellung von Erziehung durch eine den modernen Verhältnissen angemessene zu ersetzen, bzw. die immer schon in der Moderne diskutierten *Grenzen* der Erziehung neu zu vermessen?

Dieser Einwand ist nicht einfach von der Hand zu weisen, und er zeigt, daß Buchtitel ihre Tücken haben können. Aber er hat zu tun mit der Schwierigkeit zu definieren, was der Begriff „Erziehung" eigentlich bedeuten soll. Meine Kritik richtet sich im I. Teil gegen das Bild von Kindheit und die damit verbundenen Erziehungsvorstellungen, wie sie in der bürgerlichen Gesellschaft entstanden sind und sich durchgesetzt haben. Dieses Konzept erkläre ich aus den genannten Gründen für historisch überholt. Daraus folgt allerdings keineswegs, daß nun pädagogische Einwirkungen überhaupt überflüssig geworden seien, vielmehr bedürfen sie einer neuen Begründung und Rechtfertigung. Nach wie vor müssen Kinder lernen, sozialverträglich zu werden und sich durch die Schulung ihres Verstandes die Welt anzueignen, und es steht ihnen nicht frei, dies zu wollen oder nicht. Deshalb muß die dafür nötige Reife und soziale Verantwortungsfähigkeit von ihnen auch *gefordert* werden; sie erwachsen nicht von selbst aus der Innerlichkeit der kindlichen Seele, wenn man nur lange genug darauf wartet. Ich plädiere also keineswegs für ein bloßes Gewährenlassen.

Konsequent wäre jedoch, den Begriff „Erziehung" für die Kennzeichnung dieser neuen Sachlage überhaupt zu vermeiden und ihn durch „pädagogische Einwirkung" bzw. „pädagogische Intervention" zu ersetzen. Dadurch käme zum Ausdruck, daß weder Eltern noch Lehrer das

Aufwachsen im ganzen mehr planen, steuern und kontrollieren, sondern nur noch in Grenzen Einfluß darauf nehmen können. In meinen Buch *Pädagogik als Beruf* verzichte ich folgerichtig auf den Begriff „Erziehung", was für die Beschreibung des *beruflichen* pädagogischen Handelns (der Lehrer und Sozialpädagogen) auch ohne weiteres möglich ist. In der Alltagssprache jedoch ist der Begriff „Erziehung" noch so fest verankert, daß es schwierig ist, ihn bei der Erörterung praktischer Fragen, wie im II. Teil dieses Buches, zu vermeiden.

Das alltagssprachliche Bedeutungsfeld des Wortes „Erziehung" ist nämlich in den früheren Verhältnissen entstanden und droht nun die neue Wirklichkeit zu verfehlen. Es meint das Einwirken *bestimmter* Erwachsener (Eltern, Lehrer) auf *bestimmte* Unmündige (eigene Kinder; Schüler) mit dem Ziel, bei diesen langfristig *bestimmte* erwünschte Verhaltensweisen (z. B. Ordnung; Fleiß) zu erreichen bzw. zu erhalten. Gegen diesen alltagssprachlichen Begriff von „Erziehung" richtet sich meine Argumentation, und er wird keineswegs nur von Laien, sondern auch von vielen Lehrern und Sozialpädagogen verwendet, wie sich in Diskussionen immer wieder zeigt.

Ein Einwand mancher Erziehungswissenschaftler lautet nun nicht zu Unrecht, daß sich in diesem alltagssprachlichen Verständnis eine Verkürzung ausdrücke, die überwunden werden müsse. In der Tat ist nicht zu leugnen, daß es in der oberen Etage des pädagogischen Philosophierens seit langem eine ganz andere Tradition gibt, in der sehr viel differenzierter über Erziehung nachgedacht und die Subjektivität des Kindes und sein Verhältnis zur Welt sorgfältiger erörtert werden. Aber deren aufklärerische Wirkung ist oberflächlich geblieben – wohl nicht zuletzt deshalb, weil sie die tief verwurzelten Interessen am Kind nicht ins Bewußtsein heben und deswegen auch nicht fragwürdig machen konnte.

Es lohnt sich nämlich, einmal darüber nachzudenken,

für welche Bedürfnisse Erwachsener Kinder eigentlich gebraucht werden. Gemeinhin stellen wir die Frage umgekehrt: Was die Gesellschaft alles tut, damit die Kinder möglichst befriedigend aufwachsen können. Aber ganze Berufsgruppen leben von deren Existenz. Generationen von Lehrern und Ausbildern von Lehrern haben sich z. B. alle möglichen schulpädagogischen „Methoden" ausgedacht, mit denen sie zwar ihren akademischen Status aufgewertet, aber die Begegnung des Kindes mit der Welt in vielen Fällen auch erschwert und behindert haben. Es ist ein verbreiteter Irrtum anzunehmen, didaktisch-methodische Konstruktionen in der Schule würden ausschließlich zu dem Zweck erfunden, damit die Kinder besser lernen können; sie befriedigen vielmehr auch und vielfach in erster Linie weltanschauliche Sehnsüchte der Lehrer, z. B. nach „Ganzheitlichkeit" des Lebens, nach sozialer Harmonie oder auch nach gesellschaftlichen Veränderungen, die in der Schule beginnen müßten. Daß Schule nicht nur Lernen ermöglicht, sondern auch den Lernwillen von Kindern beeinträchtigt oder gar zerstört, ist eine vielfach belegte Tatsache. Zu denken ist ferner an jene Politiker, die nach einem Wahlsieg die Schulen und damit auch die Bildungsbedürfnisse von Kindern als eine Art von Kriegsbeute betrachten. Die Leidenschaft, mit der bei uns immer wieder über Schulpolitik – zuletzt über die Einführung des Schulfaches „Lebensgestaltung, Ethik, Religion" (LER) anstelle des konfessionellen Religionsunterrichts im Land Brandenburg – gestritten wird, entstammt jener Tiefendimension des Wortes „Erziehung": Jede Seite befürchtet, bei der Formung der nächsten Generation zu kurz zu kommen. Kaum etwas ist so unaufgeklärt wie die Bedeutung, die Kinder für die Institutionen unserer Gesellschaft und für Erwachsene haben. Das gilt für die Motive, Kinder haben zu wollen, wie auch für die Ziele, die wir mit ihnen und durch sie verfolgen. Da werden Kinder gestillt, bis sie fast in die Grundschule kommen, weil irgendein Bestsellerautor dies unter Verweis auf irgendwelche Naturvölker propagiert; junge Erwachsene stehen wie hilflose Riesenbabies in der Weltgeschichte herum, weil man ihnen das Leben zu leicht gemacht hat; da gibt es die Mütter, die ihre Kinder nicht loslassen können, und die Väter, die am liebsten Mütter wären; Pseudofeministinnen, die ihre Kinder als Ersatz für mißlungene Partnerbeziehungen benutzen; scheidungsreife Eltern, die ums Kind kämpfen, aber sein Wohl dabei keineswegs im Blick haben; Eltern, die ihre Kinder in ehrgeizige Schullaufbahnen zwingen, denen sie nicht gewachsen sind, oder die den Schuleintritt möglichst lange hinauszögern und am liebsten, wenn er dann unvermeidlich wird, am Unterricht mitwirken würden – was inzwischen in einigen Bundesländern per Gesetz sogar ermöglicht wurde, in anderen vorbereitet wird. In vielen Familien, die sich zudem noch für pädagogisch besonders fortschrittlich halten, fehlt nachgerade das Gespür dafür, daß es Kindern wenig nützt, wenn sie zum kultischen Mittelpunkt gemacht werden, um das sich das ganze Familien- und Eheleben dreht, anstatt sie umgekehrt Zug um Zug je nach den bereits erlangten Fähigkeiten in das Leben der Erwachsenen einzuführen. All dies wird mit dem Begriff „Erziehung" gerechtfertigt, der sich unterhalb jener anspruchsvollen Erziehungstheorie bewegt, die immer ein Gedankenspiel vergleichsweise kleiner Kreise von Eingeweihten geblieben ist.

Wer zudem die daraus resultierenden Einwände gegen meine Argumentation liest (vgl. Literaturhinweise), wird schnell erkennen, daß dieses weite Erziehungsverständnis durchdrungen ist von normativen Vorgaben. Der real-existierenden Kindheit mit ihren zahlreichen Gefährdungen im Rahmen der pluralistischen Gesellschaft werden Idealbilder davon entgegen gehalten, wie Kindheit eigentlich sein müßte. Abgesehen davon, daß zur Begründung dafür höchst problematische, nämlich einseitige Analysen der heutigen Kindheit angeführt werden, hat dieses Verfahren mindestens zwei weitere Nachteile. Erstens unterschätzt es den Gewinn an Erfahrung, Individualisierung und persönlicher Autonomie, den das Aufwachsen unter den heutigen Bedingungen *auch* haben kann, wenn Eltern und Lehrer sie entsprechend in ihr Kalkül einbeziehen. Zweitens verbleibt es auf der Ebene der moralischen Postulate und verzichtet auf praktische Hinweise darüber, wie die pädagogisch Verantwortlichen sie in ihrem Alltag umsetzen könnten.

Gleichwohl bleibt – zusammenfassend – das Dilemma, wie man mit dem deutschen Wort „Erziehung" umgehen soll, das keine Handlungen beschreibt, sondern sie nur bewertet, das tief in unbewußte Dimensionen reicht und in dem sich alle wünschbare Weltverbesserung stellvertretend auf das Kind fixiert hat.

2. Ein weiterer Vorwurf der Kritik lautet, daß ich im Begriff der „Pädagogisierung" alle Übel der Zeit – weitgehend moralisierend – zusammengepackt und dabei die kritisierten Erscheinungen der Psychologisierung des öffentlichen Lebens einfach auch der Pädagogik angelastet hätte. Ausgangspunkt der „Intimisierung der Öffentlichkeit" (Sennet) ist in der Tat der Aufstieg der Psychologie und der damit verbundenen Berufe. Diese Entwicklung hat selbstverständlich Gründe, die außerhalb der pädagogischen Verantwortung liegen, und die z.B. darauf zurückgehen, daß die psychische Innenwelt der Menschen um so mehr Aufmerksamkeit fordert, je mehr die sozialen Vorschriften und Orientierungen abgenommen haben. Nun wäre es jedoch zu einfach und berufspolitisch wenig kollegial, als Pädagoge für die Auswüchse dieser Entwicklung lediglich den Psychologen den schwarzen Peter zuzuschieben. An meiner eigenen Zunft kritisiere ich vielmehr, daß sie diese Tendenz allzu bereitwillig aufgegriffen hat, um auf diese Weise Erziehungspostulate einzuführen bzw. zu erneuern, die auf den ersten Blick

modern erscheinen, tatsächlich jedoch die Infantilisierung des Nachwuchses befördern, ihn also daran hin-
dern, die jeweils schon mögliche Selbstverantwortung
für das eigene Leben zu übernehmen. Dabei macht es
einen wichtigen Unterschied, ob wir psychologische
Kenntnisse gleichsam im Hinterkopf haben und sie in
schwierigen pädagogischen Einzelfällen zur Geltung
bringen, oder ob wir die kindliche Lebenswelt generell,
im Sinne einer allgemeinen pädagogischen Theorie, psychologisieren; im letzteren Falle bieten psychologische
Kenntnisse Kindern (und erst recht deren Eltern und
Lehrern) keine Hilfe im Einzelfall, sondern nur allgemein anerkannte Ausreden an.

3. Mein Plädoyer für die Dignität, also das *Eigenrecht
von Menschen und Sachen* im pädagogischen Umgang
hat Nachfragen darüber ausgelöst, was denn eine Sache
als solche überhaupt sei (daß der Mensch als solcher
zu respektieren sei, steht zwar im Grundgesetz und ist
auch weitgehend öffentlich anerkannt, wird aber durch
Techniken der Psychologisierung schleichend unterlaufen). Im Bezug auf die Sache – also z. B. die Unter-
richtsstoffe – ist diese Frage in der Tat nicht leicht zu
beantworten, weil sie in komplizierte philosophische
Dimensionen der Erkennbarkeit der Welt überhaupt
hineinreicht. Das pädagogische Handeln jedoch würde
gelähmt, wenn es auf die endgültige Antwort der Philo-
sophen warten wollte, die vermutlich nie zu erhalten
sein wird. Der Pädagoge kann dieses Problem nur insofern in Rechnung stellen, als er den Unterricht in
Schule und Hochschule immer nur als *vorläufigen*
Schritt zur Erkenntnis betrachtet, dem weitere folgen
müssen. Insofern lassen sich guten Gewissens Lehrpläne entrümpeln, um Platz und Zeit zu schaffen für
Phasen des besinnlichen Nachdenkens. Gleichwohl
braucht das pädagogische Handeln die Unterstellung,
daß die außersubjektive Welt nicht als die bloße Fortset-

zung der subjektiven verstanden werden kann, sondern als objektive Herausforderung an Denken und Handeln zu gelten hat. Sonst erstickt alles in subjektivistischen Kommunikationen, wo jeder mit allem „irgendwie" Recht hat.

Solange man lediglich für eine „neue" oder „bessere „Erziehung" plädiert; bleibt die pädagogische Welt in Ordnung, wie heftig die Kritik an einzelnen Mißständen auch sein mag; denn solche Kritik trifft deshalb niemanden, weil der Begriff „Erziehung" ja keine Handlung beschreibt, die als solche kritisiert werden könnte, sondern nur Handeln legitimiert. Erst wenn der Begriff „Erziehung" mit seinem ganzen umgangssprachlichen Bedeutungsfeld selbst zur Debatte gestellt wird, wird der Blick frei für einen Wechsel der Perspektive: *Weg vom erziehenden Erzieher und hin zum lernenden Kind,* das sein Leben von Anfang an selbst entwirft, das aber dabei auch vielfältiger Hilfen von Erwachsenen bedarf. Das Kind *ist* schon ein Mensch, es muß nicht von Erwachsenen erst dazu gemacht werden. Erwachsene sind nötig als professionelle Lernhelfer (z. B. Lehrer), oder als Menschen, die rund um die Uhr mit Kindern zusammenleben und ihnen damit Gelegenheit geben, in die soziale Realität hineinzuwachsen. Dazu gehören Konflikte und Auseinandersetzungen wie unter Erwachsenen auch. Aber das strategische Leitmotiv muß sein, daß die Kinder *Subjekte* ihres Lebens und ihrer Lernprozesse bleiben und nicht zu *Objekten* erzieherischer Manipulation werden. Auch diese Forderung erwächst nicht aus Willkür oder moralischer Entrüstung, sondern aus der sachlichen Lagebeurteilung dieses Buches: Weil die früher vorhandenen sozialen und kulturellen Stützen und Selbstverständlichkeiten ihren Einfluß zunehmend verlieren, müssen die Menschen so früh wie möglich persönliche Autonomie und Verantwortung entwickeln können, sonst droht Lebensuntüchtigkeit oder Unterwerfung unter tyrannische Kollektive. Der traditionelle Begriff von Erziehung bezog sich immer auf kollektive Selbstverständlichkeiten, die es heute so nicht mehr gibt.

Inzwischen haben die Probleme, von denen in diesem Buch die Rede ist, eine neue Größenordnung erreicht. Der Zusammenbruch der nach 1945 in den östlichen Bundesländern entstandenen besonderen („sozialistischen") pädagogischen Traditionen und die tiefgreifenden wirtschaftlichen und sozialen Veränderungen fordern auch eine Revision des pädagogischen Denkens heraus. Vielleicht führen diese Veränderungen endlich dazu, daß die neuen Chancen im Umgang mit der nachwachsenden Generation auch zunehmend ergriffen werden, anstatt ihrer Infantilisierung von der Familie bis zur Universität weiter Vorschub zu leisten, die bei Licht besehen doch nur auf der Ausbeutung derer beruht, die dafür täglich zur Arbeit gehen müssen – nämlich der Eltern und/oder der Steuerzahler.

Einige Grundgedanken dieser Schrift habe ich weiter entwickelt in dem Buch *Wozu ist die Schule da?* (Stuttgart 1996). Mehr als es Mitte der achtziger Jahre voraussehbar war, hat die Schule sich inzwischen im falschen Sinne pädagogisiert, sich allen möglichen erzieherischen Intentionen geöffnet, die ihre eigentliche pädagogische Aufgabe, das Unterrichten, zu überschwemmen drohen. Wenn nicht alles täuscht, stehen wir vor einer Wende des öffentlichen pädagogischen Denkens, weil die Erziehungsvorstellungen sich seit 1945 zwar mehrfach geändert haben, aber eben nur in dem Sinne, daß für geschichtlich überholt erklärte lediglich durch andere, für modern gehaltene ausgetauscht wurden. Dieses einfache Wechselspiel ist inzwischen nicht mehr tragfähig, weil dabei das, was Erziehung unter unseren modernen gesellschaftlichen Bedingungen bedeuten könnte, in den letzten Jahrzehnten ausgereizt wurde und sich in Beliebigkeit verwandelt hat: jeder erklärt für erzieherisch wertvoll, was er sich von der Welt so wünscht. Lassen wir unsere Kinder endlich erwachsen sein wollen!

Hermann Giesecke
Juni 1996

Worum es geht

Alles deutet darauf hin, daß unsere Gesellschaft aufhört, „child-oriented" zu sein, wie sie es erst seit dem 18. Jahrhundert geworden war. Das bedeutet, daß das Kind ein spät erworbenes und vielleicht übertriebenes Monopol einbüßt, daß es, im Guten wie im Bösen, wieder eine weniger privilegierte Stellung einnimmt. Das 18./19. Jahrhundert geht vor unseren Augen zu Ende.

Philippe Ariès

Keine der nach 1945 herangewachsenen Generationen konnte die Maßstäbe, nach denen sie selbst erzogen und sozialisiert worden war, ohne tiefe Brüche an die nachfolgende übergeben. Was für die in den fünfziger Jahren Aufgewachsenen verbindlich war, wischte die „Kulturrevolution" der Studentenbewegung zu einem guten Teil vom Tisch; was der '68er Generation für die Erziehung ihrer Kinder wichtig war – zum Beispiel politisches Engagement und „herrschaftsfreies" Aufwachsen –, lehnten diese als junge Erwachsene für ihre eigenen Kinder wiederum weitgehend ab. Jede dieser Generationen mußte auf ihre Weise die Erfahrung machen, daß die Prinzipien ihrer Erziehung nicht mehr der Realität entsprachen, die sie als Erwachsene vorfanden. Die Eltern, die die Zukunft ihrer Kinder im Auge hatten, mußten sie verfehlen, weil sie sich nicht mehr einfach aus der Fortschreibung ihrer eigenen Lebensgeschichte ergab. Man nennt so etwas „kulturellen Wandel", aber in Wahrheit folgt aus der massenhaften Erfahrung, für die Erwartungen und Anforderungen, die dem Erwachsenen gegenübertreten, in der Jugend falsch erzogen worden zu sein, eine kollektive Identitätskrise. Besonders anschaulich ist dies am Zusammenbruch der überlieferten Sexualmoral zu zeigen. Wer in den fünfziger Jahren studierte, lief Gefahr, seine Wirtin einem Verfahren wegen Kuppelei auszusetzen, wenn er seinen „Damenbesuch" nicht bis 22 Uhr wieder aus seiner „Bude" entließ. Die Studentenbewegung machte dem schnell ein Ende, aber die Lautstärke, mit der nun die „sexuelle Befreiung" verkündet wurde, konnte die anerzogene Prüderie noch nicht übertönen. Und heute fragen sich viele, was man eigentlich tun soll, wenn man alles darf.

Hier geht es nicht nur um Fragen der privaten Lebensführung, sondern um tiefgreifende normative Verunsicherungen des öffentlichen Lebens, die nicht zuletzt das Selbstverständnis einer für die Erziehung so wichtigen Institution wie der Familie erschüttert haben. Kein Wunder also, daß inzwischen in den Familien wie in der Öffentlichkeit Unsicherheit über Ziele und Praktiken der Erziehung herrscht.

Diese Verunsicherung spiegelt nur die Tatsache wider, daß ganz allgemein politische, kulturelle und moralische Normen und damit die entsprechenden Lebensorientierungen in der Gesellschaft fragwürdig geworden sind. Die Erziehungskrise ist nur der besondere Aspekt einer tiefgreifenden kulturellen Krise. Die Marktchancen derjenigen, die Abhilfe anbieten, sind daher nicht schlecht. Die Massenmedien nehmen sich – mehr oder weniger seriös – des Themas an. Konservative Politiker und Wissenschaftler fordern zu einem neuen „Mut zur Erziehung" auf: Die Erziehung müsse wieder jene alten Tugenden lehren, ohne die das Zusammenleben in der Gesellschaft nicht möglich sei, zum Beispiel Toleranz, Pflichttreue, Sorgfalt, Arbeitsamkeit und Bescheidenheit. Diesen Tugenden müßten das persönliche Glücksstreben und individuelle Interessen untergeordnet bleiben. Andere Autoren – sie nennen sich Antipädagogen – halten Erziehung überhaupt für überflüssig, für einen bloßen Herrschaftsanspruch zur Unterdrückung der Kinder; die Kinder könnten sich durchaus selbst erziehen, wenn man sie gewähren ließe und ihnen dabei lediglich Ermutigung und Hilfen anböte.

In dieser Situation sich auf die eine oder andere Seite zu schlagen, führt nicht weiter. Vielmehr muß die Diskussion grundsätzlicher ansetzen, bei der Frage nämlich, ob die Idee von der „Kindlichkeit des Kindes" – die Voraussetzung für unseren traditionellen Begriff von Erziehung – nicht überhaupt aufgegeben werden muß. N. Postman ist in seinem Buch *Das Verschwinden der Kindheit* (Frankfurt 1983) dieser Frage bereits nachgegangen, jedoch auf eine nicht sehr befriedigende Weise. Seine Kernthese, daß „Literalität" – also Lesen- und Schreibenkönnen und damit überhaupt die „Buchkultur" – die Differenz zwischen Kindern und Erwachsenen einmal begründet habe, daß die „Bildkultur" der Massenmedien nun die einzelnen Altersstufen gleichsam gleichschalte, weil man die Bildersprache verstehen könne, ohne dafür Kulturtechniken beherrschen zu müssen, trifft nur einen, allerdings wichtigen Aspekt der neuen Lage. Das gilt auch für seine weitere These, daß das Fernsehen die „Geheimnisse" preisgebe, die früher eine wichtige Differenz zwischen Kindern und Erwachsenen zum Ausdruck brachten. Sein Paradebeispiel dafür – Sexualität – überzeugt aber deshalb nicht so recht, weil zwar die Sexualität kaum noch ein Geheimnis ist, wohl aber das, was an Erlebnisreichtum damit verbunden werden kann. Mit anderen Worten: Es gibt gerade im emotional-affektiven Bereich langdauernde Lernprozesse, die den Erwachsenen nach wie vor einen Erfahrungsvorsprung verschaffen. Außerdem kann das Fernsehen nicht einerseits Fiktionen – alles werde in ihm zur Show und zur Story – über die Realität verbreiten, wie Postman nicht müde wird zu betonen, und andererseits die Geheimnisse dieser Realität preisgeben. Schließlich bleibt die Frage offen, ob Kinder nicht letzten Endes klug genug sind, diese Fiktionalität zu durchschauen und sie in der Regel keineswegs mit der Wirklichkeit, in der sie täglich leben, verwechseln. Außerdem ist die Trennung der Kinder von den Erwachsenen wohl nicht in erster Linie wegen der Literalität entstanden, sondern zumindest auch wegen der Organisation der Arbeit in der bürgerlich-kapitalistischen Gesellschaft. In der frühindustriellen Phase gab es noch Kinderarbeit – also gerade nicht die Trennung der Generationen –, aber auf die Dauer mußten die Kinder nicht wegen der Literalität aus dem industriellen Arbeitsprozeß ausgegliedert werden, sondern weil sie der verbesserten Technologie und der damit verbundenen größeren Verantwortung im Umgang mit ihr physisch und geistig nicht mehr gewachsen waren. Die Organisation der modernen Arbeit wurde zum Kern der gesellschaftlichen Organisation überhaupt, und ausgegliedert beziehungsweise an den Rand organisiert wurden nicht nur die Kinder, sondern die Familie überhaupt, die Alten, die Irren und die Armen. Wie noch zu zeigen sein wird, darf man das Fernsehen nicht isoliert sehen, wenn vom Ende der Kindlichkeit des Kindes die Rede ist, sondern muß es im Zusammenhang mit der Sozialisation im Freizeit- und Konsumbereich überhaupt diskutieren.

Die Idee von der Kindlichkeit des Kindes ist nicht zeitlos gültig, sie hatte nur Sinn unter den Bedingungen und Perspektiven der modernen bürgerlichen Gesellschaft, dem Mittelalter zum Beispiel war sie unbekannt. Insofern sie aber eine geschichtliche Idee ist, die keinerlei unabänderliche biologischen Grundlagen hat, kann sie auch historisch obsolet werden.

Meine These ist nun, daß der Zeitpunkt dafür gekommen ist, daß wir – abgesehen von den ersten Lebensjahren – von dieser Idee – Kindlichkeit des Kindes – Abschied nehmen müssen, damit auch vom traditionellen Begriff von „Erziehung", und daß wir gut daran tun, Kinder wieder wie kleine, aber ständig größer werdende Erwachsene zu behandeln.

Der Grund dafür liegt in einer Reihe von gesellschaftlichen Entwicklungen, die unumkehrbar sind und die die Bedingungen und Voraussetzungen für die Idee der Kindlichkeit des Kindes haben zusammenbrechen lassen. Das wichtigste Ergebnis dieser gesellschaftlich-kulturellen Entwicklungen ist, daß der Anteil persönlich verantworteter Erziehung zurückgeht und zurückgehen muß zugunsten anonymer Sozialisationsprozesse, die insbesondere über die Massenmedien und die Gleichaltrigengruppen funktionieren.

Wenn wir angesichts dieser Entwicklung den überlieferten Begriff der Erziehung weiter verwenden wollen, müssen wir ihn neu bestimmen. Dies hat selbstverständlich Folgen für unsere Vorstellungen über pädagogische Berufe und ihre Aufgaben und über die Rolle der pädagogischen Institutionen wie Familie und Schule.

Im einzelnen versuche ich folgende Thesen zu erhärten:

1. Die bürgerliche Erziehung hat sich in erster Linie von der Verantwortung für die *Zukunft* des Kindes her gerechtfertigt. Eine solche Verantwortung kann jedoch sowohl von den Erziehern wie von der Gesellschaft nur noch eingeschränkt übernommen werden. Das Kind ist Zug um Zug für seine Zukunft selbst verantwortlich geworden. Je mehr sich aber in diesem Prozeß der pädagogische Blick auf die Bedürfnisse und Interessen des Kindes richtet, umso mehr wird *Gegenwart* die maßgebende Zeitkategorie. Diese Zeitperspektive kann aber keine Erziehung begründen, sondern allenfalls Umgang, also ein Zusammenleben mit Kindern.

2. Die Pädagogisierung des Kindes war gedacht als pädagogische Gestaltung eines zubereiteten Erfahrungsraumes für das Kind, in dem es seine Zukunft lernend und sich bildend vorbereiten sollte. Von dieser Beschränkung auf das Kind hat sich die Pädagogisierung gleichsam emanzipiert und sich zu einer allgemeinen gesellschaftlichen Tendenz entwickelt, die alle Altersstufen nach pädagogischen Regeln zu beeinflussen sucht, also auf diese Weise die Unterschiede zwischen den Generationen verwischt.

3. Die modernen Erziehungswissenschaften, die die allgemeine Pädagogisierung begründen und fördern, denken nicht mehr unter der Perspektive des pädagogischen Handelns, der pädagogischen Verantwortung und unter dem Leitgesichtspunkt der Autonomie des Kindes und der Entwicklung seiner Fähigkeiten – also biographisch –, sondern funktional: Sie erforschen und beschreiben nicht mehr Erziehungsprozesse, sondern Sozialisationsprozesse.

4. Das Verhältnis der Generationen, also zwischen Kindern und Erwachsenen, genauer: der darin vermutete Unterschied an Reife, Wissen und Erfahrung, galt bisher als entscheidende Voraussetzung des Erziehungsverhältnisses. Aber dieses Verhältnis hat sich so verändert, daß pädagogisch bedeutsame Wechselwirkungen zwischen den Generationen nur noch sehr eingeschränkt stattfinden, dafür die Sozialisationswirkungen der Gleichaltrigengruppen eine kaum noch zu überschätzende Bedeutung bekommen haben.

5. Diese Tendenz wird dadurch unterstützt, daß die dominanten Sozialisationserfahrungen der Kinder und Heranwachsenden Freizeit- und Konsumerfahrungen, also gegenwartsorientierte Erfahrungen sind, während

das bisherige Lebenszentrum „Arbeit" subjektiv wie objektiv an Bedeutung verliert.

Alle diese Tendenzen wirken – wie gesagt – dahingehend zusammen, daß Erziehung zunehmend durch Sozialisation ersetzt wird – auch dort, wo vermeintlich noch erzogen wird.

Im Unterschied zu Postman sehe ich die Aufhebung der Kindlichkeit des Kindes durchaus auch positiv, weil sie auch neue Möglichkeiten des Umgangs zwischen Erwachsenen und Kindern eröffnet. Darauf gehe ich im zweiten Teil der Schrift am Beispiel von Familie und Schule ein.

Diese Schrift hat die Form eines Essays, das heißt, ich verzichte auf die Präsentierung eines umfänglichen Quellenmaterials, auch auf die ausdrückliche Auseinandersetzung mit anderen Positionen, und wende mich statt dessen an die Erfahrung des Lesers. Auf diese Weise kann ich mich so kurz wie möglich fassen und muß den Gedankengang nicht ständig unterbrechen.

Den Leser, der das Thema vertiefen möchte, verweise ich auf die Literaturhinweise am Ende des Bändchens.

I. Analysen

Abschied von der Kindlichkeit des Kindes

1.

Die Zukunft verschwindet in der Gegenwart: Das Ende der bürgerlichen Erziehung

Bekanntlich ist Erziehung eine fundamentale Tatsache unseres menschlichen Lebens. Ihre Notwendigkeit beruht im wesentlichen darauf, daß Neugeborene ohne Fürsorge und Hilfe Erwachsener nicht überleben können. Dies gilt im biologischen wie im kulturellen Sinne; denn die jeweilige Kultur, in die ein Mensch hineingeboren wird, stellt hohe Anpassungsforderungen, und um in ihr leben zu können, bedarf das Kind der ständigen Unterstützung und Ermunterung, aber auch der Führung und Kontrolle.

Erziehung in diesem Sinne entspringt also einer naturgegebenen Notwendigkeit, aber sie kann je nach den ökonomischen und kulturellen Bedingungen viele verschiedene Formen annehmen. Für uns heute sind diejenigen Formen von Interesse, die sich mit dem Aufkommen der bürgerlichen Gesellschaft durchgesetzt haben. Vorher entsprach Erziehung eher dem, was wir heute Sozialisation nennen: Sobald das Kind laufen konnte, nahm es auch am Leben der Erwachsenen teil und lernte dabei alles Notwendige, und dieses Leben war geprägt durch überlieferte Rituale und Regelungen, durch kulturelle und soziale Selbstverständlichkeiten. Wissenschaftliche Theorien über Erziehung und über das Heranwachsen von Kindern gab es nicht und sie wurden auch nicht benötigt.

Das bürgerliche Interesse an Erziehung

Im Laufe des 18. Jahrhunderts aber wurden Erziehungs-
fragen zu einem Thema von großem öffentlichen Interesse. Dafür gab es mehrere Gründe. Einmal waren die
überlieferten kulturellen Selbstverständlichkeiten fragwürdig geworden, die sozialen Gemeinschaften wie die
Zünfte verloren ihre Bindekraft. Zudem wurde über die
Stellung des Menschen in der Gesellschaft neu nachgedacht. Die Aufklärung propagierte die Individualität des
Menschen, betrachtete ihn also losgelöst aus seinen sozialen Zusammenhängen, denen er bisher seine Identität
verdankte. Er verstand sich nämlich in der vorbürger-
lichen Zeit nicht als Individuum im modernen Sinne,
sondern als Mitglied einer Zunft und eines Standes, und
er errang sein Ansehen in dem Maße, wie er deren *kollektive* Ansprüche und Anforderungen repräsentierte. Ihn
nun als *Individuum* zu denken bedeutete nichts anderes,
als daß seine soziale Zugehörigkeit nun wählbar werden
konnte: Die Idee des sozialen Aufstiegs durch persönliche Leistung setzte sich durch, verbunden mit der
Furcht, diesen Aufstieg nicht zu schaffen oder sogar sozial abzusteigen. Geboren wurden die Kinder nun zwar
immer noch im Rahmen eines bestimmten sozialen Umfeldes – als Kinder von Adeligen, Kaufleuten oder Hand-
werkern –, aber was aus ihnen werden würde, war nun
zumindest im Prinzip keineswegs mehr durch die Geburt
vorherbestimmt. Derartige Vorstellungen mußten insbesondere dem Bürgertum einleuchten, denn wenn sich
das Prinzip der persönlichen Leistung gegen das Prinzip
der Geburt durchsetzen ließ, konnten die Privilegien des
Adels gebrochen werden, konnte der gesellschaftliche
Aufstieg des Bürgertums beginnen.

Voraussetzung aber dafür war, daß sich die Vorstellungen über das Kind änderten. Nur dann nämlich,
wenn das Kind verstanden wurde als Individuum, als

noch unbeschriebenes Blatt, als ein Mensch also, dessen Zukunft offen und gestaltbar ist, konnte sich diese bürgerliche Hoffnung erfüllen. Damit aber mußte der Erziehung eine überragende Bedeutung zukommen. Nur durch eine planmäßige Erziehung, der möglichst nichts entgehen konnte, schien eine gute Zukunft gesichert zu sein. Erziehung in der bürgerlichen Gesellschaft ist also die notwendige Antwort auf das Phänomen der gesellschaftlichen Mobilität – sei es im Sinne des sozialen Auf- und Abstiegs, sei es im Sinne des ständigen Ortswechsels auf der Suche nach Arbeit oder nach besserer Arbeit. Wo es keine gesellschaftliche Mobilität gibt, gibt es auch keine offene Zukunft, und wo keine Verantwortung für die Zukunft des Kindes nötig ist, ist Erziehung überflüssig, da genügt Sozialisation durch teilnehmende Gewöhnung an die Regeln der sozialen Gemeinschaft. Das Kind wurde also gleichsam so definiert, daß es als Transmissionsriemen des bürgerlichen Aufstiegs fungieren konnte.

Wir sahen schon, daß nicht nur das Schreiben- und Lesenlernen die Kinder von den Erwachsenen trennen mußte, sondern auch die moderne Organisation der Arbeit. Nun kommt ein weiteres Moment hinzu: das bürgerliche Interesse am Kind und seiner Zukunft. Alles wirkte so zusammen, daß das Kind aus der Fülle des gesellschaftlichen Lebens und aus dem Umgang mit den anderen Generationen weitgehend herausgenommen wurde und in einer Art von pädagogischer Provinz aufwuchs, jedenfalls in einer eigenen Kinderwelt, im wesentlichen unter Gleichaltrigen, und in einer Schule, die in Distanz zur Lebenswirklichkeit abstrakte Lernanforderungen stellt und die das bürgerliche Prinzip der individuellen Leistung zur Geltung bringt. Die Offenheit des Kindes, also seine Erziehbarkeit und seine Bildbarkeit, macht erforderlich, daß es seine Zukunft durch Lernen selbst gestaltet. Da das aber prinzipiell für alle Kinder gilt, sind Wettbewerb und individuelle Konkurrenz die notwendige Folge, – anschaulich faßbar in den Schulnoten.

Die Erfindung der Kindlichkeit des Kindes

Der wichtigste pädagogische Theoretiker und Kritiker dieser bürgerlichen Perspektive war Rousseau. In seinem 1762 erschienenen Erziehungsroman *Emile* vertrat er die These, das Kind sei nicht nur ein kleiner Erwachsener, sondern auch ein eigenständiges Wesen, mit eigentümlichen Vorstellungen und Gefühlen, und deshalb dürfe man sein *gegenwärtiges* kindliches Leben nicht einfach der *Zukunft* des Erwachsenen opfern. Mit dieser These half er den bürgerlichen Vorstellungen, indem er die Zukunftsperspektive akzeptierte, aber zugleich die pädagogische Möglichkeit für diese Perspektive freisetzte, nämlich die Kindlichkeit des Kindes. Andererseits kritisierte er aber auch die bürgerliche Perspektive, insofern er eben den Eigenwert des Kindes, seine Gegenwart, nachdrücklich betonte. Die These von der Kindlichkeit des Kindes war aber doppelbödig. Die Aufmerksamkeit nämlich, die nun dem Leben und Erleben des Kindes geschenkt wurde, führte einerseits zu einem vertieften Verständnis und eröffnete neue Möglichkeiten, im Erziehungsverhalten einfühlsamer, gerechter und angemessener vorzugehen. Andererseits begründete Rousseau damit aber auch eine problematische Allianz, nämlich die Allianz von pädagogischer Profession und Wissenschaft; denn wenn es so ist, daß das Kind ein eigentümliches, vom Erwachsenen unterschiedenes Wesen ist und hat, dann offenbart sich dies nicht gleichsam naturwüchsig jedem, der Kinder zeugen kann. Vielmehr muß er erst einmal die dem Erwachsenen ja grundsätzlich fremde Welt des Kindes verstehen lernen, und dazu braucht er „Kinderexperten", die sich professionell damit befassen – ausgebildete Lehrer und Erzieher –, und die wiederum lernen es von denen, die sich damit wissenschaftlich befassen. Erst wird also das Kind ausgegliedert aus dem gesellschaftlichen Leben, dann wird ihm ein eigentümliches Wesen zugeschrieben, das wiederum notwendigerweise eine spezielle Fachkenntnis provoziert. Und schließlich wird es dann folgerichtig dieser Fachkenntnis zum Zwecke der Erziehung und Bildung überantwortet.

Gemessen an der pädagogischen Realität konnten Rousseaus Ideen über lange Zeit nur kritische Funktionen haben. Zur Geltung kamen sie im Grunde erst im Rahmen der sogenannten „Reformpädagogik", die „vom Kinde aus" argumentierte. Sie erlebte ihren Höhepunkt in der Weimarer Zeit. Vorher glaubten viele Erzieher, mit Härte und Strenge jeden kindlichen Eigensinn unterdrücken zu müssen. In der Schule zum Beispiel herrschten dieselben Normen und sozialen Maßstäbe wie in der Familie oder beim Militär, insofern war die Schule durchaus „lebensnah", beim Übergang von der Schule zum Arbeitsplatz oder Militärdienst gab es keinen „Praxisschock" wie heute. Die reformpädagogische Bewegung versuchte nun, mehr Verständnis für das Eigenleben des Kindes zu wecken, für sein gegenwärtiges Glück. Diese Ideen waren nicht neu, wie wir am Beispiel von Rousseau sahen, aber nun fanden sie öffentliche Resonanz, weil einmal der normative und politische Pluralismus, der sich vor allem nach 1918 durchsetzte, die Erziehungsziele und Erziehungsstrategien relativierte. Es gab nun einen Wettbewerb zum Beispiel zwischen katholischen, evangelischen, bürgerlich-freidenkerischen und sozialistischen Erziehungsideen, der die Schulkämpfe der Weimarer Republik prägte und auch die außerschulische Jugendarbeit, die Jugendpflege, erfaßte.

Zudem waren die Klassenschranken durchlässiger geworden. Das Bürgertum hatte sich ja, wie wir sahen, mit dem Prinzip der individuellen Leistung gegen die auf Geburt beruhenden Privilegien des Adels durchgesetzt. Dann aber hatte es sich selbst das neue Bildungsprivileg gegenüber den unteren sozialen Klassen gesichert. In dem Maße nun, wie dieses Privileg in Frage gestellt wurde, mußte seine Verteidigung von den Kindern selbst verinnerlicht werden, um sie im Wettbewerb mit Konkurrenten durchhalten zu können.

Die Pädagogisierung des Kindes...

Nur mit der Zustimmung und Mitwirkung des Kindes, nicht mehr allein durch autoritäre Weisungen – etwa des Vaters – war nun die Zukunft des Kindes zu sichern. Damit setzte sich in den zwanziger Jahren und verstärkt wieder seit den sechziger Jahren neben der Tendenz der Professionalisierung und der Verwissenschaftlichung eine weitere durch: nämlich die Pädagogisierung des Kindes; denn der Appell an die Innerlichkeit war nicht möglich, ohne auf die Bedürfnisse und Interessen des Kindes einzugehen. Von daher legitimierte sich die Reformpädagogik und machte damit den Weg frei für ein neues pädagogisches Berufsverständnis, das sich auf die Wissenschaften stützte, die die Bedürfnisse des Kindes erforschen. Nun emanzipierten sich die pädagogischen Berufe auch in gewissem Maße vom Erziehungswillen des Staates, der Kirchen und der Eltern und gewannen eine selbständige Position. Die Reformpädagogik verstand sich als Anwalt des Kindes mit der Aufgabe, für seine Autonomie und gegen unangemessene Ansprüche von außen einzutreten. Aber die Doppelbödigkeit, die der These Rousseaus von Anfang an anhaftete, ging auch hier nicht verloren; denn auch in dem Leitbild vom Anwalt steckt ein Anspruch, nämlich der Anspruch derjenigen, die professionell mit Kindern zu tun haben und die

sich gegenüber staatlichen und weltanschaulichen Zu-
griffen auf die öffentliche Erziehung beruflich profilieren
mußten. Anwalt des Kindes zu sein wurde nun auch ein
Kernstück pädagogischer Berufsideologie und begründete für Lehrer und öffentliche Erzieher einen eigenen
Status zwischen den Eltern einerseits und dem Staat und
anderen öffentlichen Erziehungsmächten andererseits.

Diese Entwicklung hatte aber auch ihre problematischen Seiten. Nun war Schule nicht mehr ein Exemplum
für Arbeitswelt oder Militär, nicht mehr Gesellschaft und
Staat im Kleinen, Schule und Leben traten vielmehr auseinander; in der Schule galten nun eigene, nämlich pädagogische Normen und Regeln. Leistung zum Beispiel
soll hier dem Kind nur dann abverlangt werden, wenn
man es verständnisvoll behandelt, sich Mühe gegeben
hat, ihm etwas beizubringen, wenn man es entsprechend
motiviert. Das Kind bleibt entlastet von der vollen Verantwortung für sein Handeln und Verhalten. Einflüsse,
die seiner Entwicklung schaden, werden möglichst fern-
gehalten. Die Entscheidung darüber, was gut ist für das
Kind und seine Entwicklung, trifft die jeweils zuständige
pädagogische Profession – zum Beispiel der Lehrer oder
die Kindergärtnerin. Nun wurde die Versuchung groß,
das Kind als den wichtigsten Legitimationsgrund für die
pädagogische berufliche Existenz möglichst lange kind-
lich zu halten beziehungsweise überhaupt ihm eine Welt
voller pädagogischer Arrangements zu verschaffen und
damit seine Entfremdung von der realen Welt eher zu
verschärfen. Andererseits war die regulative Idee dieses wissenschaftlichen pädagogischen Verständnisses
die Autonomie und Selbstentfaltung des Kindes, was jederzeit als kritische Maxime innerhalb dieses Denkansat-
zes zur Geltung gebracht werden konnte: Was im Namen
dieser geisteswissenschaftlichen Pädagogik praktisch in-
szeniert wurde, ließ sich an deren eigenen Maßstäben
immer auch kritisieren.

...für eine bessere Zukunft

Wie bereits gesagt, war die Zukunft des Kindes eine wesentliche Legitimationsgrundlage für die bürgerliche Erziehung. In unserer bürgerlichen Gesellschaft sollen nämlich die Positionen nach der individuellen Leistung verteilt werden, nicht wie vorher nach dem Rang der Geburt. Daß jeder seinen Marschallstab im Tornister trage, wird zum neuen Glaubensbekenntnis für viele Generationen. Die Zukunft des Kindes wird grundsätzlich offen, ist nicht mehr vorherbestimmt durch seine Herkunft, das Kind kann sie durch Lernen mitbestimmen. Aber die offene Zukunft ist auch eine Last, weil sie Leistung, Mühe und Entscheidungen abverlangt bei immer ungewissem Ausgang. Die Sorge der Eltern um die Schulleistungen ihrer Kinder, daß diese, wenn sie schon nicht die besten sind, dann wenigstens mitkommen und weiterkommen, gilt ihrer Zukunft, nicht ihrer Gegenwart. Die gute Klassenarbeit nützt dem Kind nicht heute, sondern später, zum Beispiel fürs Abitur und fürs Studium. Daß die Zukunft nicht nur besser sein *könne* als Gegenwart und Vergangenheit, sondern auch sein *müsse,* ist ein Glaubenssatz, ohne den die bürgerlich-kapitalistische Gesellschaft gar nicht zu denken ist. Mehr zu produzieren, Besseres herzustellen, mehr zu verdienen, etwas Besseres zu werden – das hält unsere Gesellschaft im Kern zusammen, gibt dem Einzelnen entscheidende Orientierungsmaßstäbe für sein Handeln. Ohne diese gesellschaftliche wie biographische Zukunftsperspektive gäbe es nicht Erziehung im modernen Sinne, sondern nur ein Zusammenleben mit Kindern. In der Zukunftsorientierung erscheint gegenwärtiges Glück, ja, das Leben überhaupt, das sich ja immer in der Gegenwart abspielt, als bloßes Durchgangsstadium. Rousseaus Forderung, die Gegenwart des Kindes nicht minder ernstzunehmen als seine Zukunft, zwischen beiden Zeitperspektiven eine Balance zu finden, erwies sich in der Praxis immer als schwierig. Die meisten Ärgernisse im Umgang mit Kindern ergeben sich aus diesem Widerspruch. Das Kind ist für lange Zeit der Fülle seiner *gegenwärtigen* Impulse und Eindrücke verhaftet, aber die Eltern haben bewußt oder unbewußt immer seine *Zukunft* im Blick. Im Namen seiner Zukunft wurde das Kind in eine Eigenwelt verwiesen, in der es einerseits vor ungünstigen Einwirkungen geschützt werden sollte, andererseits auf sein künftiges Leben vorbereitet wurde. Aber auch in diesem Punkte schuf die erwähnte Reformpädagogik eine entscheidende Wandlung, die sich seit Ende der sechziger Jahre noch verschärft hat: Je mehr sie auf die unmittelbaren Interessen und Bedürfnisse des Kindes einging, umso mehr geriet die Zukunftsperspektive aus dem Blick, umso geringer wurde damit aber auch die Legitimation der bürgerlichen Erziehung. Die Pädagogisierung des Kindes radikalisierte sich und wurde zum Selbstzweck beziehungsweise zur Legitimationsgrundlage für pädagogische und therapeutische Berufe.

Die Zukunft war nun zumindest für viele Kinder der Mittelschicht nicht mehr anschaulich faßbar, etwa als Fortsetzung der Familientradition und des Familienstatus, sondern mußte in die Innerlichkeit des Kindes verwiesen werden. Zukunft wurde nun mehr oder weniger identisch mit dem Prozeß des Reifens den Kindern zur eigenen Verantwortung überlassen, der Macht der Erwachsenen entzogen. Daß der Erzieher nicht über die Zukunft des Kindes verfügen dürfe, war ein Glaubenssatz der Reformpädagogik. Diese Tendenz hat gegenwärtig ihren Höhepunkt erreicht.

Erzwungene Emanzipation von der Familie

Zwei bedeutsame Konsequenzen dieser Entwicklung fallen ins Auge. Einmal hatte die bürgerliche Erwartung an die Zukunft des Kindes auch kollektive Anteile, es ging nicht nur um das Kind als Individuum, sondern auch als Mitglied seiner Familie. Eine gute Zukunft des Kindes konnte auch mißlingen, und dies fiel auf den Status und das Ansehen der Familie zurück, etwa im Bilde des mißratenen Sohnes oder der entehrten Tochter. Die Literatur des bürgerlichen Zeitalters ist voll von diesem Thema. Mit der Reformpädagogik ging jedoch der kollektive Anteil immer mehr zurück. In dem Maße, wie die Eltern die Zukunft der Kinder nicht mehr selbst materiell garantieren konnten und die Zukunftsperspektive sich im Kind verinnerlichen mußte, emanzipierte sich das Kind auch vom kollektiven Familienzusammenhang, wurde seine individuelle Zukunft von der seiner Familie abgekoppelt. Dies ist ein sehr bedeutsamer Vorgang, weil er nämlich das bereits erwähnte bürgerliche Prinzip der Individualisierung auch in der Familie durchsetzte. Das bürgerliche Individuum ist ein individuell gesehenes Rechts- und Vertragssubjekt, aber die Familie war lange Zeit insofern davon ausgenommen, als das Familienoberhaupt seine minderjährigen Kinder in diesem Sinne nach außen hin, der Öffentlichkeit gegenüber, vertrat.

In dem Maße nun, wie nicht mehr die Familie, sondern nur noch die Gesellschaft zum Beispiel den erforderlichen Bildungsweg des Kindes garantieren konnte (Schulgeldfreiheit; Stipendien; Lehrmittelunterstützung), wurde das Kind auch zu einem öffentlichen Wesen, was sich zum Beispiel im neuen Familienrecht niedergeschlagen hat. Hier ist bis in die rechtliche Dimension eine Vergesellschaftung der Familie eingeleitet worden, deren wesentliche Ursache ist, daß die Familie die Zukunft ihrer Kinder nicht mehr garantieren kann — schon gar nicht dann, wenn die optimale Förderung *jedes* Kindes, unabhängig von den finanziellen Verhältnissen der Eltern, als politische Norm proklamiert wird.

Ein besonders eindrucksvolles Beispiel ist die Tatsa-

che, daß der Jugendliche seinen schulischen und beruflichen Werdegang selbst bestimmen kann und daß die Eltern auch dann unterhaltspflichtig bleiben, wenn sie den
Berufswunsch des Kindes nicht billigen. Darin drückt
sich eine doppelte Ohnmacht der Eltern gegenüber der
Zukunft ihrer Kinder aus: sie können nicht mehr über sie
verfügen, werden aber gleichwohl im Rahmen ihrer Möglichkeiten zur Kasse gebeten, während andererseits dem
Kind ein gesellschaftliches, das heißt vom Willen der Eltern unabhängiges Recht auf *seine* Zukunft eingeräumt
wird.

Die Zukunft verblaßt

Noch bedeutsamer ist vielleicht eine psychologische
Konsequenz. Der „Leistungsdruck" zum Beispiel in den
Schulen, von dem heute so viel die Rede ist, kann nicht
allein und wesentlich nicht einmal in erster Linie von
der objektiven Seite her erklärt werden, also von den tatsächlichen Lernanforderungen, die gestellt werden. Jedenfalls leuchtet eine solche Erklärung nicht ein, wenn
man sich die Qualifikationen ansieht, die viele Abiturienten heute für die Aufnahme eines Studiums mitbrin-
gen. Daß dennoch „Leistungsdruck" in so vielen Fällen
subjektiv empfunden wird, liegt sicher zu einem guten
Teil daran, daß die Verunklarung der Zukunftsperspektive einerseits und das Zurückgeworfensein auf die Individualität andererseits zu einer erheblichen Verunsicherung hinsichtlich der eigenen Leistung führen können,
wenn nicht müssen. Wer früher als Jugendlicher zum
Beispiel sich in seiner Zukunft als Arzt sah und sogar in
pubertärer Schwärmerei als einen für die Menschheit besonders bedeutungsvollen, der konnte sich der Stationen
vergewissern, die dort hinführen: die gute Klassenarbeit,
das Jahrgangszeugnis, die Versetzung in die nächste

Klasse, das Abitur, die Aufnahme des Studiums – dies alles waren real anschauliche Ereignisse, die als Erfolge auf dem gewünschten Weg gewertet werden konnten. Ich bestreite nicht, daß solche Strategien auch heute noch möglich sind. Aber wenn die Perspektive unklar wird, wenn man nicht mehr weiß, welche beruflichen Chancen man später hat, und infolgedessen auch nicht mehr klar erkennen kann, wo man seine schulischen Erfahrungen einordnen soll, ja, wozu diese künftig nützlich sein könnten, dann wird die an der Realität orientierte Lebensplanung ersetzt durch vielschichtige Psychologisierungen, durch die Neigung zur Introspektion – eine Art von Abhorchen der eigenen Innerlichkeit – oder durch narzißtische Selbstbespiegelung. Mit anderen Worten: Die Leistungserwartung wird deshalb als „Druck" empfunden, weil ein zuverlässiger sozialer Maßstab fehlt, den andere bestätigen können, und statt dessen der Maßstab gleichsam ständig im Zwiegespräch mit sich selbst ermittelt werden muß.

Hinzu kommt, daß die Motivation für ein Engagement für die eigene Zukunft in dem Maße erlahmen muß, wie höhere Bildungsgänge kein Privileg mehr sind, das man anderen gegenüber behaupten oder in das man „von unten her" eindringen will. Wird der Zugang zum Gymnasium und anschließend zum Studium „selbstverständlich", gleichsam ein sozialpolitisch einzuklagendes moralisches Recht, dann entfallen auch die bisherigen Unterschiede von sozialem Auf- und Abstieg. Der Wunsch aber, über Bildung oder Berufserfahrung aufzusteigen oder den erreichten Status zu halten, war ein sehr wesentlicher Inhalt der Zukunftsorientierung.

Auf die Zeitkategorie „Zukunft" ist selbstverständlich auch unser Bildungssystem hin organisiert. Seine Berechtigungen sind ein ausgeklügeltes System von Fort-Schritten in die Zukunft: Der Hauptschulabschluß erlaubt die Aufnahme einer Lehre, der Realschulabschluß den Besuch einer Fachschule, das Abitur den Zugang zum Studium. Verblaßt jedoch die Zukunft, dann wird dieses System disfunktional, es verspricht eine Perspektive von Tätigkeiten und Berufen, ohne dieses Versprechen halten zu können. Der Hochschulabsolvent bekommt möglicherweise einen Job, für den er das Studium gar nicht gebraucht hätte.

Nun scheint dieses Mißverhältnis lediglich daher zu rühren, daß gegenwärtig das Stellenangebot nicht mit der Zahl der jeweils für einen Berufsbereich Berechtigten in Einklang zu bringen ist, daß also Bildungssystem und Beschäftigungssystem auseinander getreten sind. Unsere Bildungspolitiker versuchen verzweifelt, beide Systeme wieder in Übereinstimmung zu bringen. Vieles spricht aber dafür, daß dies nur teilweise gelingen wird. Der Preis dafür wäre nämlich eine derart rigide Reduktion insbesondere der höheren Bildungsabschlüsse, daß sie politisch kaum durchsetzbar sein dürfte. Schon heute gibt es keinen Studiengang mehr, der sichere Aussichten für alle seine Absolventen anböte. Es wird eine Überproduktion an Absolventen geben, selbst wenn die Arbeit neu verteilt würde. Das bedeutet in unserem Zusammenhang nicht nur, daß das Bildungssystem sich in gewissem Umfange vom Beschäftigungssystem abkoppeln wird, sondern, daß auch die höheren Abschlüsse – vom Abitur an aufwärts – ihre zukunftsorientierte Bedeutung mehr und mehr verlieren werden. Schulbesuch und vor allem auch Hochschulbesuch werden stärker gegenwartsorientiert sein, als in sich sinnvolle Zeit begriffen werden, in der man seine Fähigkeiten erproben oder sich mit etwas beschäftigen kann, was Spaß macht. In dem Maße, wie das Bildungssystem sich so trennt vom Beschäftigungssystem, wird es Teil des Freizeitsystems werden.

Dieser Prozeß ist insofern längst im Gange, als die Schule immer weniger für die Zukunft qualifiziert.

Das Abitur qualifiziert sich zum Beispiel nur noch sehr eingeschränkt für die Aufnahme eines Studiums, Hauptschul- und Realschulabgänger und nicht wenige Abiturienten beherrschen kaum oder nur mühsam die Kulturtechniken. Die Schule hat zunehmend eine custodiale Funktion bekommen, das heißt, sie bewacht die Kinder für einige Stunden des Tages, so daß sie in dieser Zeit die Erwachsenen bei ihren Verrichtungen und Verpflichtungen nicht stören können. Mit anderen Worten: Die Schule ist ebenfalls mehr und mehr an der Gegenwart der Kinder interessiert und immer weniger an deren Zukunft, oder besser: sie ist so organisiert und in dieser Weise wirksam, denn selbstverständlich behauptet die offizielle Ideologie das Gegenteil. Das muß sie auch, denn würde diese Entwicklung eingestanden, wäre zum Beispiel das ganze Berechtigungssystem unsinnig. Die Schule erzieht also kaum noch für die Zukunft der Kinder, sie sozialisiert sie im Rahmen ihrer sozialen Möglichkeiten.

In dem Maße ferner, wie die Zukunftsperspektive verblaßt beziehungsweise im Kind selbst verankert werden muß, emotionalisiert sich die Beziehung zu den Kindern, und zwar in unterschiedlicher Weise. Emotionalität – das Gewähren oder Nichtgewähren von Zuwendung zum Beispiel – entwickelt sich als eine Art von „Ersatzmacht" für die tatsächlich verlorengegangene reale, zum Beispiel ökonomische Macht über die Zukunft des Kindes. So kommt es häufig zu der paradoxen Situation, daß sich die Eltern – dank der Rollenverteilung vor allem die Mütter – intensiv um das Schulschicksal, zum Beispiel um die Schulaufgaben, bemühen, also insoweit um die Zukunft des Kindes, dabei aber seine Gegenwart emotional fixieren und es ihm damit erschweren, größer, reifer und erwachsener zu werden, also eine eigenständige Vorausschau zu entwickeln. Der psychische Einsatz verstellt den Blick nach vorne, indem er nicht die Entwicklung der Fähigkeiten des Kindes fördert, sondern eine Art von

zeitloser und in sich kreisender emotionaler Beziehungs-
harmonie. Eine Variation dieser Motivierungen ist die
Bestechung – mit Konsumgütern, mit allzu großer Nachsicht gegenüber schlechtem Benehmen, mit der Vorenthaltung durchaus schon leistbarer Verantwortlichkeit.

Nun hat natürlich weder die frühere noch die gegenwärtige Reformpädagogik das Entschwinden der Zukunft
erfunden oder auch nur verursacht. Pädagogik hat eine
solche Macht nicht, sie kann gesellschaftliche Prozesse
nur begleiten und interpretieren, allenfalls kritisieren.
Die Ursachen für das Entschwinden der Zukunft und für
die Dominanz der Gegenwärtigkeit sind vielmehr in gesellschaftlich-kulturellen Veränderungen zu suchen. Zunächst hat der der bürgerlichen Gesellschaft immanente
Fortschrittsoptimismus an Zugkraft erheblich verloren.
Seine ökologischen und militärischen Folgen werden für
jedermann erkennbar. Der Emanzipationsprozeß gesellschaftlicher Teilgruppen wie der Frauen und der Arbei-
ter ist weitgehend zum Abschluß gekommen, so daß von
daher eine „bessere" Zukunft etwa für die eigenen Kinder immer weniger ein Motiv für familiäres Handeln
wird, zumal das sogenannte „soziale Netz" im allgemeinen „das Schlimmste verhindert" und dadurch auf seine
Weise das Engagement an der eigenen Zukunft mindert.
Individuelle Zukunftsvorstellungen bedürfen aber eines
entsprechenden gesellschaftlichen Erwartungshorizon-
tes. Wenn „Zukunft" als *soziale* Kategorie verblaßt, geraten *individuelle* Zukunftsvorstellungen in einen luftlee-
ren Raum.

Freizeit statt Arbeit wird Mittelpunkt des Lebens

In diesem Zusammenhang darf man allerdings die gegenwärtige strukturelle Arbeitslosigkeit nicht überschätzen.
Sie ist eher ein sozial-technisches Problem und insofern

lösbar – zum Beispiel durch Neuverteilung der vorhandenen Arbeit. Aber gerade eine solche Neuverteilung würde einen Prozeß weiter forcieren, der vielleicht die wichtigste Ursache für die Überwältigung der Zukunft durch die Gegenwart ist: nämlich die Veränderung des Verhältnisses von Arbeit und Freizeit.

„Zukunft" im bürgerlichen Sinne war ja immer verbunden mit dem Begriff der Erwerbsarbeit. Über die Arbeit und die Stellung, die wir im Arbeitsprozeß einnahmen, hatte sich Zukunft für uns realisiert. Aufstieg und Abstieg machten sich fest an der beruflichen Position und ihrer gesellschaftlichen Bewertung, – an anderen menschlichen Qualitäten des Charakters und der Bildung nur im Zusammenhang mit der beruflichen Position. In der bürgerlich-kapitalistischen Gesellschaft war „Arbeit" der Mittelpunkt unseres Lebens, um sie herum und von ihr präformiert gestalteten wir auch unser Leben außerhalb der Arbeit. Das galt für das individuelle Leben wie für die gesellschaftliche Organisation. Als Kinder und Jugendliche wurden wir auf die Arbeit vorbereitet, als Erwachsene übten wir sie aus, und als Alte zogen wir uns aus ihr zurück. Andererseits wurden unsere sozialen und kulturellen Teilsysteme auf die Organisation der Arbeit hin konstruiert, das Bildungssystem sowohl wie die Systeme der sozialen Sicherung.

Arbeit war aber nicht nur der faktische, sondern auch der moralische Mittelpunkt unseres Lebens. Die Tugenden, die wir lernten, waren in erster Linie solche, die wir für die disziplinierte und erfolgreiche Arbeitstätigkeit brauchten, und sie galten auch für unser Leben außerhalb der Arbeit, in Familie und Freizeit. Vergnügen war nur erlaubt als „Erholung" von der Arbeit, um sie anschließend wieder „mit frischen Kräften" anzugehen, oder als Belohnung für die Mühen der Arbeit. Der nationalsozialistische Freizeit-Slogan „Kraft durch Freude" brachte diese Haltung sinnfällig zum Ausdruck.

Die ständig vermehrte Massenfreizeit in Verbindung mit ständig steigendem Massenwohlstand und einer hochwertigen Massentechnologie – zum Beispiel Fernsehen und andere Formen der Unterhaltungselektronik – haben *gemeinsam* innerhalb weniger Jahrzehnte eine kaum bemerkte kulturell-moralische Revolution eingeleitet, deren Bedeutung in unserem Zusammenhang gar nicht hoch genug veranschlagt werden kann. Diese Revolution bestand im wesentlichen darin, daß die von der überlieferten Arbeitsgesellschaft her geprägten Arbeitstugenden zunächst überlagert, dann mehr oder weniger verdrängt wurden durch entgegengesetzte Tugenden, wie sie im Freizeitbereich erlebt wurden und erfolgreich waren. Freiheit statt Gehorsam, Gleichordnung statt Unterordnung, Verschwendung statt Verzicht und Sparsamkeit, Aufsehen erregen statt Bescheidenheit zeigen, Müßiggang statt Arbeitseifer, Selbstbestimmung statt Pflichttreue setzten sich nun als neue Leitwerte weitgehend durch, ja, sie beanspruchen zunehmend Berücksichtigung auch in den traditionellen Bereichen der Arbeit einschließlich der Schule und Hochschule. Kaum fällt noch auf, daß inzwischen zu politischen Zielen avancierte Leitvorstellungen wie „Selbstbestimmung" und „Selbstverwirklichung" nicht aus Arbeits-, sondern aus Freizeit- und Konsumerfahrungen entstanden sind.

In dem Maße aber, wie Arbeit aufhört, die leitende Perspektive des privaten wie gesellschaftlichen Handelns zu sein, entschwindet auch Zukunft als das Leben leitende Zeitperspektive. Die Erfahrungen und Maßstäbe des Freizeit- und Konsumbereiches sind nicht zukunftsorientiert, sondern lassen das Zeitgefühl auf immer sich wiederholende, kaum Neues bringende „Gegenwärtigkeiten" schrumpfen. Das Freizeit- und Konsumsystem erzieht nicht, es sozialisiert nur im Sinne einer anonymen kulturellen Steuerung. Da aber die Sicherung der

Zukunft der Kinder sowohl das eigentliche Ziel wie die Begründungsgrundlage der bürgerlichen Erziehung war, geht diese mit dem Entschwinden der Zukunft auch selbst ihrem historischen Ende entgegen.

2.

Die Pädagogisierung der Gesellschaft und die Folgen:
Verantwortungslosigkeit, Gleichgültigkeit,
Manipulation

Diese These scheint auf den ersten Blick der Tatsache zu widersprechen, daß gerade in den letzten 20 Jahren die Erziehungswissenschaften einschließlich Psychologie und Soziologie einen enormen Aufschwung erlebt haben. Noch nie zuvor in unserer Geschichte waren so viele Lehrer und Erzieher tätig, ergänzt inzwischen durch vielfältige beratende und therapierende Berufe. Zeigt dies nicht, daß der Erziehung eher eine steigende öffentliche Bedeutung beigemessen wird?

Die Reformpädagogik hatte die Pädagogisierung des Kindes eingeleitet zu dem Zweck, dem Kinde einen „zubereiteten Erfahrungsraum" zu verschaffen, in dem es seine Persönlichkeit durch Lernen und Bildung entfalten und so seine Zukunft vorbereiten konnte. Dabei sollte es sich aber auch seiner gegenwärtigen kindlichen Existenz erfreuen können, seine unmittelbaren Bedürfnisse und Interessen ernst nehmen dürfen. In Nohls Konzeption vom „pädagogischen Bezug" sowie überhaupt in der Vorstellung von „pädagogischer Autonomie" kam dies sinnfällig zum Ausdruck: Das Kind sollte den Ansprüchen der kulturellen Mächte – Staat, Kirche, Wirtschaft, Literatur, Kunst – nicht unmittelbar ausgesetzt sein, sondern so, daß es in der Auseinandersetzung mit diesen Ansprüchen sich bildet, also seine Fähigkeiten und Vorstellungen entwickkeln kann. Dazu müssen diese Ansprüche „vermittelt", „umgesetzt" werden, und dies ist die relativ „autonome"

Aufgabe des Pädagogen – „autonom" deshalb, weil seine Tätigkeit nicht im unmittelbaren Auftrag der – miteinander teilweise konkurrierenden – kulturellen Mächte beziehungsweise „Erziehungsmächte" geschehen soll, sondern gleichsam stellvertretend für das kindliche Subjekt und seine individuelle Entwicklung. Der zu diesem Zweck pädagogisierte Lebensraum des Kindes – zum Beispiel in der Schule – unterscheidet sich nun wesentlich von den diesen umgebenden gesellschaftlichen Realitäten, vor allem der Arbeitswelt. In der Arbeitswelt wird zum Beispiel nicht motiviert, da wird Motivation zur erforderlichen Leistung vorausgesetzt. Allenfalls wird sie unterstützt durch Aussicht auf bessere Bezahlung oder durch angenehmere Arbeitsbedingungen.

Die Pädagogisierung blieb zunächst auf die Phase der Kindheit und des Jugendalters beschränkt. Sie sollte bis zur Mündigkeit des Kindes ständig abnehmen, damit es dann mit den ganz anderen, nicht-pädagogischen Regeln des gesellschaftlichen Lebens unter Wahrung seiner Autonomie umgehen könne. Die Notwendigkeit der Erziehung schied Erwachsene von Kindern, Erwachsene mußten und durften nicht mehr erzogen werden.

Erziehung wird zur Sozialisation

Die Nationalsozialisten, die der reformpädagogischen Vorstellung der individuellen Autonomie des Kindes ein frühes Ende setzten, erweiterten jedoch die auf das Kind beschränkte Pädagogisierung auf alle lebenden Generationen. In „Mein Kampf" entwarf Hitler das Konzept eines „Erziehungsstaates", in dem die Grenzen von Erziehung, Propaganda und Indoktrination verschwammen und jeder – ob jung oder alt – täglich des anderen Erzieher sein sollte. Die erwünschten Strategien dafür wurden von der politischen Führung unter gezieltem

Einsatz der Massenmedien propagiert, und sie richteten sich keineswegs nur auf die politische Ideologie, sondern auch auf handfeste Alltagsprobleme wie sparsamer Umgang mit Energie und Rohstoffen, auf hauswirtschaftliche Fragen oder auf solche der „sinnvollen" Freizeitgestaltung. Eine ähnliche Ausdehnung des Erziehungsbegriffes kannte man unter dem Stichwort „Umerziehung" bereits aus der jungen Sowjetunion.

Interessant für unseren Zusammenhang ist, daß eine solche Ausdehnung des Erziehungsbegriffes seinen Inhalt auflöst; was hier Erziehung genannt wird, ist tatsächlich Sozialisation, also ein Ensemble von anonymen, persönlich nicht verantworteten und intendierten Wirkungen und Einflüssen. Auch die Hitlerjugend war eher eine Sozialisations- als eine Erziehungsinstitution.

Mit anderen Worten: Wenn der Begriff „Erziehung" nicht mehr beschränkt ist auf das Kindes- und Jugendalter, dann vermag er auch keine spezifische Differenz mehr zwischen Kindheit und Erwachsenenstatus zu kennzeichnen, und dann kann er nur noch allgemeine, generationsunabhängige gesellschaftliche Prägungen meinen, die wir Sozialisation nennen. Sozialisiert in diesem Sinne aber werden wir nicht nur in der Kindheit, sondern bis zum Ende unseres Lebens.

Dies alles blieb nicht historische Episode. Nach dem Zweiten Weltkrieg entstand in der Erwachsenenbildung das Konzept des „lebenslangen Lernens" als Reaktion auf die Notwendigkeit, sich an neue berufliche, technische und kulturelle Gegebenheiten anzupassen. Zwar war hier nicht von „Erziehung" die Rede, aber immerhin war der existenzielle Druck erheblich, sich derartigen pädagogischen Maßnahmen zu unterwerfen. Unter dem Einfluß psychoanalytischer Denkmodelle wurden ferner in der Sozialpädagogik und Sozialtherapie Konzepte der „Nacherziehung" für abweichende beziehungsweise kriminelle Erwachsene entwickelt. Der Gedanke der „Nacherziehung" fand dann schließlich in modifizierter Form seinen Niederschlag im sogenannten „Psycho-Boom" der siebziger Jahre, wo Teilen der kulturell und pädagogisch verunsicherten Mittelschicht irgendeine Form von Therapie als eine Art von nachträglicher Wiedergutmachung erschien für etwas, was ihnen in der Erziehung angeblich vorenthalten worden war. Die Pädagogisierung begann also den Lebensraum des Kindes zu verlassen und sich zu einer allgemeinen gesellschaftlichen Tendenz zu entwickeln.

Psychologisierung der Realität

Diese Tendenz besteht in ihrer Substanz darin, jede gesellschaftliche Realität auf die Unmittelbarkeit ihrer persönlichen Beziehungsstrukturen zu reduzieren und diese nach gleichartigen Regeln zu gestalten. Daß es in der Politik in erster Linie um die Gewinnung und Erhaltung von Macht geht, in der Industrie um optimale Arbeitsorganisation zum Zweck eines höchstmöglichen Profits, in einem Oberseminar um die Regeln wissenschaftlicher Argumentation und Kritik, daß also in der gesellschaftlichen Wirklichkeit die Menschen zu sehr unterschiedlichen Zwecken zusammentreffen, scheint bedeutungslos zu werden angesichts der Tatsache, daß sie überhaupt aufeinander treffen. Auftauchende Probleme und Konflikte sollen auf dieselbe Weise geregelt werden, nämlich durch ein „human engineering", zum Beispiel durch Gespräche der Betroffenen, die gegebenenfalls durch professionelle Beratung vermittelt werden. In solchen Gesprächen – mancherorts auch in Gremien institutionalisiert – geht es nicht um die Lösung eines sachlichen Problems – dies wird vielmehr nach wie vor durch Macht entschieden –, sondern um die Reparatur des menschlichen Verschleißes, darum, einander die Berechtigung der unterschiedlichen Gefühle, Interessen und Bedürfnisse zu bestätigen. Pädagogisierung im Sinne einer Psychologisierung gesellschaftlicher Realitäten ist dabei zum Ersatz geworden für verlorengegangene kulturelle Differenzierungen, von denen noch das klassische soziologische Rollenmodell ausging: je nachdem, ob man als Vater oder als Vorgesetzter, als politischer Bürger oder als Freizeiter agierte, wurde ein je verschiedenes Verhaltensrepertoire erwartet. Besonders bedeutsam war die strikte Trennung von Intimität und Öffentlichkeit. Derartige kulturelle Rollendifferenzierungen sind offenbar weitgehend zusammengebrochen, wie sich besonders eindrucksvoll bei Versammlungen der Grünen studieren läßt. Auch die früheren kulturellen Teil-Milieus (Katholizismus, Protestantismus, Arbeiterbewegung, Bildungsbürgertum) haben ihre Bindekraft verloren, so daß die isolierten Individuen gleichsam „gesamtgesellschaftlich unmittelbar" geworden sind.

Die Kluft zwischen der radikalen Individualisierung einerseits und der kulturellen Formlosigkeit der Gesamtgesellschaft andererseits wird vor allem in den Mittelschichten als beängstigende Entfremdung erlebt. In dieser Entfremdung hat, so scheint es, die Pädagogisierung als Psychologisierung der Beziehungsebenen die traditionellen Rollenmuster ersetzt. Pädagogisierung ist also nicht etwa eine mehr oder weniger notwendige Reaktion auf den kulturellen Wandel in dem Sinne, daß Menschen nun etwas Neues lernen müßten, so wie jemand umlernen muß, der seinen Beruf wechselt, sie ist vielmehr die kulturelle Norm selbst geworden indem sie dafür sorgt, daß die Kommunikationen als Selbstzwecke allüberall funktionieren. Die Pädagogisierung bringt den Menschen nichts Neues bei, weshalb ihre Profis auch nichts weiter zu können brauchen. Man kann zum Beispiel „Erziehungsberatung" machen, nicht weil man da spezielle Kenntnisse und Erfahrungen anzubieten hätte, sondern weil es ausreicht zu initiieren, daß zum Beispiel Eltern und Kinder sich über ihre Gefühle, Interessen, Bedürfnisse usw. „verständigen".

Intimisierung der Öffentlichkeit

Im Grunde deutet sich hier das Ende des „bürgerlichen Menschen" an, der, wie D. Riesman (*Die einsame Masse*, Hamburg 1958) bereits gezeigt hat, „innengeleitet" war, also sein Verhalten nach Maßstäben regulierte, die er im Laufe der Erziehung in seiner Persönlichkeit fundiert hatte und die relativ unabhängig vom Beifall oder Mißfallen anderer durchgehalten werden konnten. Voraussetzung für das Funktionieren dieses Verhaltenstyps war aber eine gesellschaftliche Kultur, die auf einer relativ großen menschlichen Distanz beruhte. Intimität und damit das „Einbringen" umfassender menschlicher Wünsche und Bedürfnisse blieb beschränkt auf Basisbeziehungen wie Familie und Freundschaft. Die gesellschaftlichen Tätigkeiten – Beruf und Politik – vollzogen sich im Klima distanzierter menschlicher Umgangsformen, wie sie etwa die Regeln der Höflichkeit vorschrieben.

„Innengeleitetes" Verhalten einerseits und strikte Trennung von Intimität und Öffentlichkeit andererseits waren erforderlich, um dem Individuum Stabilität und Identität zu gewähren, es zugleich aber auch für gesellschaftliche Partizipationen freizusetzen, bei denen der menschliche Verschleiß so in Grenzen gehalten werden konnte. Die Emotionalität hatte ihren Platz im Privaten, das öffentliche Leben dagegen sollte sich nach rational kalkulierbaren Handlungen und Erwartungen gestalten. „Erwachsensein" zeigte sich in eben dieser Fähigkeit, solche Differenzierungen zu realisieren und durchzuhalten.

Daß solche Vorstellungen nicht nur als Realität, sondern auch als Norm mehr und mehr entschwinden, zeigt sich in den Hochschulen, wo wir es ja immerhin mit Erwachsenen zu tun haben. Hier ist es üblich geworden, pädagogische und therapeutische Hilfen anzubieten bei Arbeitsschwierigkeiten oder auch bei schlichter Arbeitsunlust – was nicht immer leicht zu unterscheiden ist –, ja, derartige Pädagogisierungen dringen teilweise in die Lehrveranstaltungen ein, werden Teil ihres Programms.

In Einführungsveranstaltungen zu pädagogischen Studiengängen zum Beispiel sollen nicht nur Informationen über den Studiengang und seine Anforderungen gegeben, sondern auch die Bedürfnisse, Interessen und Studienmotivationen der Studenten zum Thema gemacht werden. Das fordert nicht irgend jemand, sondern zum Beispiel die Studienreformkommission für das Land Niedersachsen. Unzumutbar geworden ist offensichtlich der Gedanke, daß Erwachsene für ihre Motivationen selbst verantwortlich sind und daß in einer wissenschaftlichen Lehrveranstaltung nur solche Bedürfnisse und Interessen Platz finden können, die dem schließlich freiwillig gewählten Zweck des wissenschaftlichen Arbeitens entsprechen, und daß man für die anderen „Bedürfnisse" sich andere soziale Orte suchen muß.

Die Folge dieser Entdifferenzierung gesellschaftlichen Verhaltens ist Konfusion der Erwartungen an den jeweiligen sozialen Orten und damit Verhaltensunsicherheit in den entsprechenden Situationen, was wiederum den menschlichen Verschleiß erhöht bzw. beschleunigt. Was erwartet jemand, der eine wissenschaftliche Lehrveranstaltung besucht, die ein bestimmtes Thema hat? Und was soll der Leiter einer solchen Veranstaltung von den einzelnen oder gemeinsamen Erwartungen der Teilnehmer annehmen?

Schon Ende der sechziger Jahre wurde in der Erwachsenenbildung die Entdeckung diskutiert, daß Menschen, die an einem Volkhochschulkurs teilnehmen, dabei auch unbewußte Erwartungen mit einbringen, die mit dem zur Debatte stehenden Thema nichts zu tun haben müssen, die vielmehr durch die Gruppendynamik der Situation mobilisiert werden – z.B. verdrängte frühere Probleme mit den Eltern oder Geschwistern. Propagiert wurde, solche Erwartungen bzw. Ängste zu berücksichtigen und möglicherweise sogar selbst zum Thema zu machen. Diese Forderung ging weit über das traditionelle Verständnis eines vernünftigen Verhaltens gegenüber Erwachsenen hinaus, das von einem Erwachsenenbildner Höflichkeit, Geduld, Verständnis für die Lernschwierigkeiten, Respekt vor den Erfahrungen und Meinungen des anderen usw. erwartete, die Substanz seiner Persönlichkeit aber im übrigen unangetastet ließ. Nun jedoch wurde zunehmend unterstellt, daß die Menschen „eigentlich" etwas ganz anderes (lernen) wollten, als Englisch, Französisch oder Buchführung, oder daß sie für solche Angebote nur zu „motivieren" seien, wenn jenes „Eigentliche" dabei gebührend zum Zuge kommen könne. Das „Eigentliche" aber war und ist, allgemeines Wohlbefinden zu fördern und die Schwierigkeiten möglichst zu beseitigen, die nun einmal bei jedem Lernprozeß im Prinzip unausweichlich sind – seien sie nun von der Zugänglichkeit der Sache her begründet oder durch die individuelle Lernfähigkeit. Nun gehört es gewiß zum didaktischen Handwerk auch eines Erwachsenenbildners, Lernschwierigkeiten zu minimieren, aber es ging um etwas ganz anderes, nämlich um eine *Themenverschiebung*: Thema war nun immer weniger der Zweck, zu dem die Menschen zusammenkamen (z.B. Englisch lernen), Thema wurden vielmehr die Anwesenden selbst, das ursprüngliche Thema wurde dafür eher Anlaß oder „Aufhänger". Die Lernschwierigkeiten wurden also durch diese Themenverschiebung beseitigt bzw. gemindert. Pädagogisierung als Psychologisierung der Beziehungen erweckt also die Illusion etwas zu lernen, ohne dafür die nötige Anstrengung, Arbeit und auch den zeitweisen Bedürfnisverzicht leisten zu müssen.

Das Hochspielen der Beziehungsebene hat inzwischen alle pädagogischen Tätigkeiten ergriffen und die methodische Phantasie unermüdlich auf die Frage gelenkt, wie man bei den Teilnehmern „Betroffenheit" erzeugen oder sonstwie ihre Subjektivität knacken kann. Diese Themenverschiebung ermöglichte andererseits erst die Expansion des Bildungswesens über seinen ursprünglichen Zweck hinaus, nämlich Menschen etwas beizubringen, was sie wissen und können sollen und wollen. Nun erst wird im Prinzip jeder Mensch für solche Angebote bedürftig und zwar ohne thematische Begrenzung – es sei denn, er ist „innengeleitet" und deshalb der Ansicht, seine Persönlichkeit ginge die Öffentlichkeit nichts an.

Infantilisierung des Kindes

In dem Maße andererseits, wie die Pädagogisierung alle Generationen ergreift, wird die Idee eines eigentümlichen kindlichen Lebensraumes zur Fiktion.

Die Pädagogisierung des kindlichen Lebens hat in der Vergangenheit Bedeutendes geleistet. Man denke nur an den jahrzehntelangen Kampf gegen die Kinderarbeit oder gegen die wirtschaftliche Ausbeutung jugendlicher Lehrlinge oder gegen die bewußte und unbewußte Mißhandlung von Kindern. Inzwischen aber gibt es Anzeichen dafür, daß der aus diesen Intentionen erwachsene Schutz nicht mehr die Entwicklung der kindlichen und jugendlichen Persönlichkeit fördert, sondern hemmt. Der Jugendarbeitsschutz verhindert zum Beispiel, daß 14jährige, obwohl sie kräftig genug wären, einen Ferienjob bekommen, weil sie dafür zu jung sind. In den Schulen und bei Schulveranstaltungen außerhalb der Schule sind der Aufsicht enge Grenzen gesetzt, sogar Schneeballschlachten sind verboten. Dabei geht es nicht um das Wohl des Kindes, sondern um die schlichte Frage, wer bei Unfällen die Kosten zu tragen hat. Der Schutz der Lehrlinge vor Ausbeutung und das pädagogische Verständnis für ihr Verhalten ist zum Teil so weit entwickelt, daß wichtige Ernsterfahrungen, wie sie die wirkliche Arbeitswelt bereithält, gar nicht mehr in der Lehrzeit gesammelt werden können, so daß oft ein regelrechter Praxisschock eintritt beim Übergang von der Lehre in den Beruf. Dabei war die Praxisnähe immer ein Hauptargument dafür, einen Teil der Berufsausbildung im Betrieb stattfinden zu lassen.

Einerseits also hat die Pädagogisierung des Kindes weitgehend das Ergebnis, daß Kinder künstlich infantilisiert werden. Andererseits wird zum Beispiel in den Schulen die ursprüngliche Idee der Pädagogisierung durch die Verrechtlichung außer Kraft gesetzt und gleichzeitig in neuer Form wieder etabliert. In dem Maße nämlich, wie in den pädagogischen Institutionen rechtlich relevante Akte geschehen, die als solche auch der rechtlichen Überprüfung standhalten müssen – das gilt für den Versicherungsschutz wie für Schulnoten –, greifen eben auch nichtpädagogische Ansprüche in die pädagogischen Einrichtungen ein und bestimmen die pädagogischen Handlungen mit. Insofern Kinder und Heranwachsende aber selbst nicht rechtsmündig sind, sind sie davon auch nur mittelbar betroffen, unmittelbar reglementiert werden Lehrer und Eltern. So hebt die Verrechtlichung die Pädagogisierung nicht etwa auf, sondern verstärkt sie nur und modifiziert ihren Inhalt.

Pädagogisierung als allgemeine gesellschaftliche Tendenz hat vor allem vier mehr oder weniger problematische Konsequenzen:

1. Sie fördert die persönliche Verantwortungslosigkeit.

2. Sie mediatisiert die Dignität, den Selbstzweck von Sachen und Menschen und damit die Möglichkeit zu authentischen Erfahrungen.

3. Sie fixiert die Menschen auf die Unmittelbarkeit, die bloße Gegenwärtigkeit ihrer Bedürfnisse und Interessen, von deren Ausbeutung sie lebt.

4. Sie unterstellt die Defizienz, die Mangelhaftigkeit jeder menschlichen Existenz – gleichsam von der Wiege bis zur Bahre –, ohne dafür den Menschen selbst zum Maßstab zu machen (zum Beispiel seine Aufklärung, seine Mündigkeit, seine Emanzipation); der Maßstab für die Defizienz ist vielmehr einerseits das Bedürfnis nach Intervention, andererseits das möglichst unauffällige gesellschaftliche Funktionieren.

Bündnis von Pädagogisierung und Bürokratie

Die Pädagogisierung fördert die Verantwortungslosigkeit aller am pädagogischen Geschehen Beteiligten – der Kinder wie der Erwachsenen –, bzw. sie reduziert Verantwortung in den pädagogischen Institutionen auf den rechtlich beschreibbaren Rahmen. Rechtlich einwandfreies Verhalten gegenüber dem Kind ist gewiß eine wichtige Voraussetzung für pädagogisches Verhalten, aber auch nicht mehr. Ein Lehrer kann sich rechtlich korrekt verhalten, ohne dem Kind die pädagogisch nötige Aufmerksamkeit zu schenken, ihm relative Sympathie und Verständnis zu signalisieren, ihm ermunternd zu helfen. Die eigentliche pädagogische Handlungsdimension entzieht sich der Verrechtlichung, die ja nur bis zur äußerlich erkennbaren Korrektheit vordringen kann. Die Verrechtlichung verhindert pädagogisch angemessenes

Verhalten nicht im Einzelfall, aber sie setzt – schon durch die Flut der Erlasse – Maßstäbe, angesichts derer die pädagogische Zuwendung allenfalls als Zutat zu erscheinen vermag.

Kein Außenstehender vermag sich auch nur eine annähernde Vorstellung davon zu verschaffen, mit wievielen Erlassen das Schulehalten inzwischen bombardiert wird. Selbst ein ehemaliger Kultusminister (Werner Remmers) hatte ein Einsehen und versuchte mit dem Slogan „erlaßfreie Schule" wenigstens das Gestrüpp zu lichten. Aber vermutlich haben seine Ministerialbeamten, die schließlich von der Produktion solcher Erlasse leben, über seine Initiative nur nachsichtig gelächelt; denn geschehen ist natürlich so gut wie nichts. Längst sind die Zeiten vorbei, wo Richtlinien und Erlasse einen pädagogisch zu verantwortenden, rechtlich geschützten Handlungsraum markierten.

Früher, das heißt noch in den fünfziger und sechziger Jahren, verstand sich die Schuladministration von der *Sache* her, um die es ging, nämlich vom pädagogisch vernünftigen Schulehalten, für das sie einen „Schutzraum" anbot, der jedoch im wesentlichen nach den dort „einheimischen", nämlich *pädagogischen* Regeln zu gestalten war. Inzwischen interessiert die Administration nur noch, was an diesem Feld rechtlichen bzw. administrativen Maßstäben unterworfen werden kann, und die *Erfüllung* dieser Maßstäbe ist zum eigentlichen Inhalt des Schulehaltens geworden. Schulen und Universitäten werden heute nach den gleichen Regeln verwaltet wie Schlachthöfe oder Kasernen, ohne Rücksicht auf die Substanz bzw. den Sinn dessen, was sich dort eigentlich jeweils ereignen soll. Der Siegeszug der Pädagogisierung wäre ohne den Expansionsdrang der Administration gar nicht möglich gewesen.

Niemand ist mehr verantwortlich

Das Kind hingegen lernt nicht oder kaum, Verantwortung
für sich zu übernehmen. Wenn es irgend einen materiellen Schaden verursacht, erledigt eine Versicherung die
Wiedergutmachung. Gewiß soll es die erwarteten Schulleistungen erbringen, aber wenn das nicht gelingt, wird
es von den Wissenschaften, die die Pädagogisierung
tragen, bis weit ins Erwachsenenalter hinein vielfach entschuldigt. Seine soziale Herkunft, seine schwierige Kindheit, das Unverständnis der Umwelt, das inhumane System der Schule, die Unfähigkeit des Lehrers und vieles
mehr wird mit mehr oder weniger guten Gründen angeführt. Ganze Berufsgruppen – pädagogische wie therapeutische – leben davon, daß das Kind keine Verantwortung hat und daß es in diesem Zustand wenn nicht
rechtlich so doch wenigstens psychologisch möglichst
lange verbleibt. Was einmal als Schutz des Kindes gemeint war, hat sich in Entmündigung verwandelt. Längst
beherrscht die Tendenz der Pädagogisierung auch die öffentliche Meinung und verunsichert nicht wenige Elternhäuser. Eltern begeben sich auf den Rechtsweg, um ihren
Kindern die Verantwortung für schulisches Versagen abzunehmen, und unter dem Einfluß psychoanalytischer
Gedanken, die entsprechend vereinfacht von den Massenmedien transportiert werden, liegt die Vorstellung
nahe, daß andere die Schuld an der eigenen Misere haben, etwa nach dem Motto: wenn ich meine Kinder nicht
erziehen kann, dann muß das an meinen Eltern liegen.
Der einleuchtende therapeutische Ansatz, daß der Klient
Recht habe mit seinem Leiden und seinem Verhalten,
schlägt um in allgemeine Verantwortungslosigkeit, wenn
er zur Norm für öffentliches Verhalten überhaupt gemacht wird. Je größer das Angebot an therapeutischen
Leistungen wird, um so größer wird auch die Versuchung,
sie als Entlastung von Verantwortung zu benutzen.

Pädagogisierung als gesellschaftliche Tendenz führt also zur Infantilisierung nicht nur von Kindern, sondern auch von Erwachsenen. Das Kind wird so zum Objekt vielfältiger, aber persönlich unverbindlicher Kompetenzen, es wird gleichsam ständig weitergereicht. Eltern geraten in die Versuchung, ihre Schwierigkeiten mit den Kindern an Lehrer oder Therapeuten weiterzugeben, anstatt sie selbst im Rahmen des Zusammenlebens zur Not auch unter Konflikten zu lösen. Lehrer geben das schwierige Kind an die Eltern zurück oder an den Schulpsychologen weiter. Aber selbst die beste pädagogische oder therapeutische Professionalität bleibt menschlich unverbindlich – schließlich gehört emotionale Distanz zum Selbstverständnis solcher Berufe. Den Eltern wird durch die Massenmedien vorgeführt, wie man freundlich mit Kindern umgeht und Verständnis für sie entwickelt und wie man nicht autoritär Probleme durch verbale Überzeugungskraft löst. Aber ohne es selbst zu merken, behandeln viele Eltern ihre Kinder bereits wie ein Psychologe seine Klienten, mit freundlicher Zugewandtheit, aber auch mit der schweigenden Drohung: Komm mir nicht zu nahe mit deinen Problemen, ich habe selbst genug davon. Die Versuchung, weder für sich noch für andere Verantwortung zu übernehmen, gipfelt in der Sucht. Der Süchtige reicht sich gleichsam selbst weiter, nämlich an die Droge. Aber hier versagen alle Pädagogisierungen, jedenfalls im fortgeschrittenen Stadium. Da werden menschliche Beziehungen nur noch ausgebeutet, um an den Stoff zu kommen; freundlich-zugewandtes Verhalten des Süchtigen – sofern es überhaupt noch möglich ist – ist taktisch kalkuliert, um möglichst lange unentdeckt zu bleiben. Aber in der extremen Grenzsituation der fortgeschrittenen Sucht hilft nur noch, die Verantwortung für sein Leben nicht mehr weiterzugeben oder weitergeben zu lassen, sondern endgültig selbst zu übernehmen.

Eine paradoxe Situation entsteht: Einerseits sind pädagogische und therapeutische Orientierungshilfen gelegentlich zweckmäßig, andererseits aber schafft die Pädagogisierung die Probleme nicht etwa ab, sondern hält sie als Bedingung ihrer Existenz weiter aufrecht und verschärft sie. Die Tendenz, an der Kindlichkeit des Kindes möglichst lange festzuhalten, wiederholt sich hier auf neuer Ebene. Therapie muß nicht „heilen", sie kann auch zum Genuß oder zu einer Form von Geselligkeit werden. Sich beraten lassen, kann bequemer erscheinen, als selbst nachzudenken. Sich auf Erfahrungen anderer zu verlasen – zumal wenn sie wohlfeil sind –, kann dazu verleiten, eigene nicht mehr zu entwickeln, was ja nichts anderes als einen Stillstand der Persönlichkeitsentwicklung bedeuten würde. Wird dies alles mit einer positiven gesellschaftlichen Bewertung versehen, daß man ja töricht oder gar verantwortungslos sei, solche Angebote nicht zu nutzen, dann wird die Pädagogisierung zu einer allgemeinen gesellschaftlichen Tendenz. Unmerklich wechselt der Begriff „Verantwortung" dabei seine Bedeutung. Nicht die selbstgewählte oder pflichtgemäße persönliche Haftung für eigenes Handeln ist mehr gemeint, sondern gerade das Gegenteil: verantwortungslos ist, dem schulmüden oder widerspenstigen oder sonstwie „problematischen" Kind nicht gleich die beste Beratung und Therapie zukommen zu lassen, schließlich läßt man ja bei Fieber auch den Arzt kommen! In der Pädagogisierung aller Altersstufen steckt also eine Sozialisierungs- oder vielleicht besser: Vergesellschaftungstendenz, die eine ganz andere Qualität hat als die vielfältigen individuellen Bemühungen der in pädagogischen und therapeutischen Berufen Tätigen.

Menschen und Dinge sind gleichgültig, aber verwertbar

Die Pädagogisierung fördert nicht nur die persönliche Verantwortungslosigkeit als gesellschaftliche Norm, sondern auch die Gleichgültigkeit gegenüber der eigentümlichen Dignität von Menschen und Sachen und beeinflußt somit auch die menschliche Erfahrungsfähigkeit. Dieses Dilemma ist für pädagogisches Handeln prinzipiell unausweichlich. Wenn nämlich der Pädagoge „vermitteln" soll zwischen dem Wohl und der Autonomie des Kindes einerseits und den Ansprüchen der politisch-kulturellen Objektivationen andererseits, dann ist das nicht nur ein technischer Vorgang, mit dessen Hilfe eine Information transportiert wird; vielmehr wird das Vermitteln zu einer eigentümlichen „Sache", die sich zwischen Subjekt und Objekt schiebt und für die die Pädagogik den Begriff „Didaktik" beziehungsweise „Fachdidaktik" gefunden hat. Die Subjektivität des Kindes ernst nehmen heißt ja auch, seine jeweilige Erfahrung, die Struktur und Reichweite seines Denkens und seine Motive zu berücksichtigen. Das aber kann nicht allein dadurch geschehen, daß ein bestimmtes Bündel an Informationen zu ihm hinbewegt wird. Indem es diese Informationen aufnimmt, verleiht es ihnen Sinn im Rahmen seiner bisherigen Erfahrungen und strukturiert diese um. Das Vermittelte ändert durch die Vermittlung seinen Charakter. Nun kann die Handlung des Vermittelns – also die pädagogische Handlung – sich so weit verselbständigen, daß der Bezug zur Eigentümlichkeit der Sache, die da vermittelt werden soll, verloren geht. Wenn zum Beispiel die Subjektivität des Kindes zu dominant wird, dann wird die „Sache" zu einem bloßen Repertoire von Aspekten und Informationen, mit dem diese Subjektivität „gefüttert" und bestätigt wird. Oder wenn der Pädagoge die zu vermittelnde Sache vorweg unter einem seinen Zwecken dienlichen Gesichtspunkt betrachtet – daß mit ihrer Hilfe zum Beispiel bestimmte Gesinnungen, Einstellungen oder Verhaltensweisen bewirkt werden sollen –, dann wird diese Sache ohne Rücksicht auf ihren eigentümlichen Sinn, auf ihre eigene Dignität instrumentalisiert. Diese Strategie hat eine Parallele in kapitalistisch-ökonomischen Leitvorstellungen, nach denen Menschen und Sachen in erster Linie nach den Gesichtspunkten ihrer profitgünstigen Verwertbarkeit betrachtet und behandelt werden. Welche Folgen eine solche Einstellung hat, wird an der gegenwärtigen ökologischen Krise deutlich. Solange wir die Natur nur unter ihrem ökonomischen Verwertungszusammenhang sehen und nicht auch in ihrem Selbstzweck, ruinieren wir unsere Lebensqualität.

Nun stellt sich das geschilderte didaktische Problem unausweichlich jedem, der lehrt. Aber es macht einen wichtigen Unterschied, ob dabei die Spannung zwischen Subjekt und Sache aufrechterhalten bleibt oder nicht. Ohne diese Spannung kann sich das Kind nicht abarbeiten an außer-subjektiven Ansprüchen und verfehlt somit die Möglichkeit seiner Bildung, weil es in seinen Interessen und Bedürfnissen verwickelt bleibt. Solange die Pädagogisierung auf gesellschaftliche Teilbereiche wie Schule und andere pädagogische Einrichtungen beschränkt bleibt, gibt es konkurrierende andere Formen der Vermittlung, die den Anspruch des pädagogischen Zugangs zu Sachverhalten begrenzen, zum Beispiel Journalismus, Literatur, Wissenschaft, politische Rhetorik.

Früher, das heißt vor der Verbreitung des Fernsehens, gab es die bekannten „Giftschränke", in denen die Eltern jene Literatur verschlossen hielten, die „für Kinder und Jugendliche nicht geeignet" war. Die Schule hatte Jugendlichen gegenüber eine Art von Informationsmonopol, das mit für pädagogisch gehaltenen Maßstäben mehr oder weniger erfolgreich aufrechterhalten werden konnte.

Wie N. Postman eindringlich gezeigt hat, ist dieses Informationsmonopol Kindern und Jugendlichen gegenüber von den Massenmedien, vor allem vom Fernsehen, gebrochen worden. Die „originären", nicht pädagogisierten, eben „erwachsenen" Zugangsweisen zu Sachverhalten sind also Kindern und Jugendlichen zugänglich geworden, insofern könnten sie die ihnen zugemutete Pädagogisierung selbst kurieren.

Nun werden aber die Massenmedien ebenfalls pädagogisiert – sei es wie in den USA durch den Zwang zum erfolgreichen Verkauf von Sendungen, sei es wie bei uns durch zunehmende massive Einflüsse von Interessenten auf das Programm.

Die Versuche von Politikern, Einfluß auf Form und Inhalt von Funk- und Fernsehsendungen zu nehmen, sind Versuche der Pädagogisierung mit ähnlichen Begründungen, wie sie für die Genehmigung von Schulbüchern und für Richtlinien Verwendung finden. Es geht nicht nur darum, „einseitige Berichterstattung" zu vermeiden – was ja immerhin noch dem traditionellen journalistischen Ethos entspräche –, sondern vor allem um Mutmaßungen darüber, was dem „normalen" Zuhörer und Zuschauer zuträglich sei. „Ausgewogenheit", dieser scheinbar plausible Maßstab für die Qualität der politischen Berichterstattung, zielt nicht auf „Wahrheit" oder „Richtigkeit" von Sachverhalten, sondern auf einen möglichst hohen Anteil an Propaganda für das jeweilige politische Interesse an der Sache. Und die politische Rhetorik unserer Politiker, wie sie die „Hofberichterstattung" des Fernsehens verbreitet, ist zu einem Musterbeispiel für Pädagogisierung geworden: Auf der Basis von Meinungsforschung und psychologischen Kenntnissen wird die Wirkung so präzise wie möglich kalkuliert: der Hörer oder Zuschauer soll die dem Politiker nützliche Meinung für die Sache selbst halten. Ein unabhängiger, den Regeln seiner Sache verpflichteter Journalismus wird jedenfalls in den elektronischen Medien immer seltener.

Allerdings gehört die Pädagogisierungstendenz zum Charakter des Mediums selbst, sie wird von den Einfluß nehmenden Interessenten nicht erfunden, sondern nur ausgenutzt. Das Fernsehen ist der bedeutendste Umschlagplatz für die vielfältigen Impulse zur Pädagogisierung der Gesellschaft, und dies schon aus Gründen seiner inneren Struktur. Da es möglichst viele Menschen erreichen will, muß es tendenziell die Verständnisschwierigkeiten so gering wie möglich halten. Dabei taucht das erwähnte didaktische Problem – das Spannungsverhältnis von Sache und der Form ihrer Vermittlung – ebenfalls auf. Wer eine informative Sendung macht, muß sich didaktische Überlegungen dieser Art machen. Hinzu kommt die Erwartung eines breiten Publikums, daß Fernsehsendungen – gleich welchen Inhalts – möglichst unterhaltend sein sollen, so daß man sie mit relativ geringer eigener geistiger Aktivität konsumieren kann. Außerdem müssen die technischen Bedingungen berücksichtigt werden: Was z. B. nicht filmisch darstellbar ist, ist ungeeignet für dieses Medium, oder die Sachverhalte werden so umgeformt bzw. hinsichtlich ihrer Komplexität so reduziert, daß sie schließlich in bewegten Bildern präsentierbar werden.

Abgesehen von diesen Implikationen des Mediums selbst führt die ständige Suche nach dem, was möglichst viele Zuschauer interessiert, gleichsam von selbst zu Sendungen, die die Tendenz zur Psychologisierung der Realität verbreiten und unterstützen, z. B. zu entsprechenden Spielfilmen oder zu therapieähnlichen Ausspracherunden. Die zentrale Botschaft der Pädagogisierung, alle Probleme ließen sich lösen, wenn man sie als Beziehungsprobleme definiere und behandele, ist dem Medium Fernsehen geradezu auf den Leib geschrieben: Sie läßt sich leicht in bewegten Bildern und durchaus unterhaltsam verbreiten und enthält kaum didaktische Schwierigkeiten, da es ja um Subjektives geht und nicht um die Objektivität komplexer Sachverhalte.

Pädagogisierung der Wissenschaften

Auch in die Wissenschaften ist die Pädagogisierung eingezogen. Die eigentümliche Erfahrung wissenschaftlichen Denkens und Arbeitens widersetzt sich jeder Pädagogisierung. Das ändert sich, wenn man das Studium einem Zweck unterwirft, zum Beispiel, daß es einer bestimmten Berufstätigkeit *unmittelbar* dienen soll. Da aber die Wissenschaft diesen Zweck nicht setzen, sondern nur als vorgegeben übernehmen kann, wird sie auf diese Weise abhängig von politischen Moden und Mächten, denen sie sich irgendwann nicht nur im Hinblick auf die Auswahl der Gegenstände, sondern auch auf die innere Struktur unterwerfen muß. Den Berufszweck der Lehrer zum Beispiel bestimmt in erster Linie die Administration, nicht die pädagogische Wissenschaft. Wer für die berufliche Praxis verantwortlich ist, muß aber auch das Sagen über die dafür nötige Ausbildung haben.

Die „Didaktisierung" der Wissenschaften ist in den pädagogischen Studiengängen am weitesten fortgeschritten, aber keineswegs allein dort zu finden. Sie ist bis zu einem gewissen Grade unvermeidlich, weil auch die wissenschaftliche Lehre eine didaktische Struktur braucht, schließlich will sie ja verstanden werden. Aber für die Wissenschaft ist didaktische Reflexion die Reflexion über die Darstellbarkeit der Sachverhalte beziehungsweise der Erkenntnisse darüber. Was ist zum Beispiel „grundlegend" und muß deshalb zuerst verstanden werden? Oder was ist „exemplarisch" für eine ganze Reihe ähnlicher Phänomene, so daß man von diesem Exemplum aus weiterarbeiten kann?

Dies etwa wären Aspekte einer „Wissenschaftsdidaktik", aber bezeichnenderweise hat sich dieser Begriff nicht durchgesetzt, sondern der Begriff „Hochschuldidaktik". Darin kommt zum Ausdruck, daß die didaktische Reflexion „adressatenorientiert" sein, also die Interessen, Bedürfnisse und Fähigkeiten der Studenten zum Ausgangspunkt nehmen soll. Das hat oft zur Folge, daß der wissenschaftliche Anspruch sich auf das jeweils vorfindbare Niveau der Studenten zubewegt und nicht umgekehrt. „Wahrheit" und „Richtigkeit" als regulative Ideen wissenschaftlichen Denkens und Arbeitens werden so instrumentalisiert. Zudem finden durch das Tor der subjektiven Bedürfnisse und Interessen politische Ideologien und allerlei modische Meinungen Eingang in das wissenschaftliche Denken und Arbeiten.

Nun widerspricht „Berufsorientierung" keineswegs per se den Prinzipien wissenschaftlichen Arbeitens. Man kann zum Beispiel mit Recht darauf hinweisen, daß für eine bestimmte Berufsgruppe – zum Beispiel für angehende Lehrer – bestimmte Gegenstände einer Disziplin interessanter sind als andere. Nichts spricht dagegen, pragmatisch eine entsprechende Auswahl zu treffen. Die hier kritisierte Instrumentalisierung setzt erst dann ein, wenn die Erkenntnis der Sachverhalte nicht mehr als Selbstzweck gilt. Die Frage, was ein Lehrer zum Beispiel über „abweichende Sozialisation" wissen müsse (und was nicht!), ist prinzipiell unbeantwortbar, weil er von diesem Thema wie von vielen anderen nie zu viel wissen kann, sondern immer nur zu wenig. Mit diesem Mangel muß jeder leben, aber es gibt kein Kriterium für die zumutbare *Begrenzung* des Wissens. Werden trotzdem derartige Kriterien geltend gemacht – zum Beispiel in Studienordnungen –, dann haben wir es mit einer außerwissenschaftlichen und zudem mit einer willkürlichen, keiner rationalen Nachprüfung zugänglichen Strukturierung der Sache zu tun. Jeder Versuch, die künftige Verwertbarkeit einer Sache zum Maßstab ihrer Aneignung zu machen, ist eine unzulässige Pädagogisierung. Sie funktioniert in der Praxis auch nur so, daß Moden, politische Ideologien oder subjektive Interessen und Bedürfnisse zum Maßstab der Aneignung werden.

Abgesehen davon haben sich auch an den Hochschulen im Hinblick auf die Studienordnungen Pädagogisierung und Verrechtlichung alliiert. Das Interesse der Administration an Kapazitätsberechnungen – wie viele Lehrende braucht man für wie viele Studenten in welchen Studiengängen? – hat in vielen Fällen die Studiengänge bereits verschult. Der Marktkampf der beteiligten Fächer um Studienanteile hat die Zahl der verbindlichen Semesterwochenstunden immer höher getrieben, in den pädagogischen Studiengängen sind es inzwischen etwa zwanzig. Auch wenn das weitgehend Fiktion ist – praktisch heißt das zunächst nur, daß das Studienbuch vollgeschrieben werden muß –, so hat es immerhin einen Einstellungswandel hervorgerufen: Studieren hat sich auf die Teilnahme an Lehrveranstaltungen reduziert, wer es darüber hinaus im altmodischen Sinne betreibt – in Bibliotheken, Archiven und an seinem Schreibtisch –, gilt nachgerade als unsozial, weil er die für ihn bereitgestellte Lehrkapazität nicht abruft. In einem nicht pädagogisierten Studium würden lediglich die Voraussetzungen festgelegt (Leistungsnachweise usw.), die für die Anmeldung zu einer Prüfung erforderlich sind. Zumindest in den pädagogischen Studiengängen gäbe es heute längst wie für die Schulen inhaltlich detaillierte Richtlinien, wenn das im Grundgesetz garantierte Prinzip der Lehrfreiheit da nicht eine gewisse Grenze setzte, aber diese Grenze markiert kaum mehr als ein Refugium.

Manipulation der Beziehungsebene

Das Hauptinteresse der Pädagogisierung ist nicht die Aufklärung von Sachverhalten und somit das Bemühen, hinter deren „Wahrheit" zu kommen, sondern die menschliche Beziehungsdimension zu manipulieren. Das erklärt die Verbreitung psychologischer und kommunikativ orientierter Konzepte. Das oberste Ziel einer pädagogischen Ausbildung scheint geworden zu sein herauszufinden, nach welchen Regeln mit der Klientel umgegangen werden soll, wobei weitgehend gleichgültig geworden ist, was man ihr substantiell zu sagen hat.

Es gibt inzwischen pädagogische Studiengänge – zum Beispiel im Bereich des Diplomstudiums –, in denen die Absolventen kaum etwas lernen, was für andere Menschen nützlich sein könnte, aber immerhin lernen sie, andere kommunikativ zu manipulieren, sie lernen zum Beispiel „Beraten", ohne selbst über nennenswerte Erfahrungen oder sachdienliche Kenntnisse zu verfügen. Optimales kommunikatives Funktionieren nach derart oberflächlichen Regeln aber begrenzt nicht nur den Welthorizont auf die unmittelbare Sozialität, sie läßt auch immer weniger Raum für persönlich verantwortete Erziehung oder für eine an der Erschließung kultureller Objekte orientierte Bildung der Vorstellungen und Fähigkeiten – und das gilt tendenziell für alle Altersgruppen. Auf diese Weise setzt sich eine enorme Verarmung der Erfahrungsmöglichkeiten durch. Indem sie die Klientel trennt von der eigentümlichen Dignität von Menschen und Sachen, verhindert die Pädagogisierung authentische Erfahrungen mit ihnen und macht die tatsächlichen Erfahrungen, die nun gleichsam frei flottieren, für die Zwecke einer permanenten Vergesellschaftung verfügbar. Die Pädagogisierung duldet nur solche Erfahrungen, die sie als kommunikativ verwertbare definiert hat – ob in pädagogischen Feldern oder in therapeutischen Situationen.

Ein Beispiel dafür sind die Praktika in pädagogischen Studiengängen. Die ursprüngliche Idee war, den Studenten in Schulen oder sonstigen pädagogischen Einrichtungen über einige Wochen reale Alltagserfahrungen zu ermöglichen, mit denen sie dann wieder ins Studium zurückkehren. Inzwischen werden solche Praktika durchweg in den Hochschulen „vorbereitet" und „nachbereitet". Jedem Laien – und dazu gehören in diesem Falle auch Ministerialbeamte – läßt sich vermutlich einreden, daß auf diese Weise die Effizienz eines Praktikums erhöht werden könnte. Richtig ist aber eher das Gegenteil. Zunächst nämlich verliert das Praktikum an Authentizität, weil die Ansprüche, Fragestellungen usw. der Hochschule die Erfahrungsmöglichkeiten präformieren – insbesondere dann, wenn – wie bei manchen Schulpraktika – die Hochschullehrer ihre Praktikanten zeitweise begleiten. Schränkt die sogenannte „Vorbereitung" die Authentizität der Erfahrung ein, so eröffnet die „Nachbereitung" wiederum alle möglichen Modemeinungen und Ideologien Tür und Tor; denn die „Integration von Theorie und Praxis", von Praktikumserfahrung und systematischem Studium, kann nicht veranstaltet werden, weil es dafür keine objektivierbaren Maßstäbe gibt. Insofern ist das, was da integriert werden soll, nicht wissenschaftlich lehrbar, sondern muß dem je einzelnen Bewußtsein überlassen bleiben, aber es ist kommunizierbar, und dafür muß man kein einziges Buch lesen.

Nun ließe sich einwenden, daß solche Bedenken ja berücksichtigt werden könnten bei der sogenannten Vor- und Nachbereitung. Die Praxis zeigt jedoch, daß in dem Maße, wie sich diese Tätigkeiten institutionell verfestigen, also ausgegliedert werden aus dem übrigen Lehrbetrieb, ein Bedarf an erziehungswissenschaftlicher Rechtfertigung entsteht, der auf die Autonomie dieser Tätigkeit zielen muß und sich keineswegs etwa mit der Vorstellung einer partikularen Dienstleistung für den übergeordneten Zweck des Gesamtstudiums begnügen kann. Ein Stück Berufsideologie muß her.

Die pädagogischen und therapeutischen Berufe sind an der Gegenwart ihrer Klientel interessiert, nicht an deren Zukunft, sie brauchen die Fixierung auf gegenwärtig-aktuelle Befindlichkeiten und Bedürfnisse. Sie müssen die Unmündigkeit oder zumindest Hilfsbedürftigkeit der Menschen zu ihrer Selbsterhaltung ständig behaupten und mitproduzieren. Auf diese Weise mindern sie die Bereitschaft und die Möglichkeit, persönliche erzieherische Verantwortung für die Zukunft der Kinder zu übernehmen.

Indem die Pädagogisierung die soziale Beziehungsebene zu ihrem Hauptthema macht, ohne dabei die Autonomie von Personen und Sachen wenigstens als Korrektiv gelten zu lassen, hilft sie mit, Erziehungsprozesse in Sozialisationsprozesse zu verwandeln, also in Prozesse anonymer kultureller Vergesellschaftung, die die Kinder früh erwachsen macht und die Erwachsenen infantilisiert.

Pädagogisierung ist längst zu einem umfassenden System der sozial-emotionalen Versorgung wie der sozialen Kontrolle geworden. Die „kindgemäße Welt", die sie einmal propagierte, in die die Realität des Lebens nur insoweit eindringen sollte, als das Kind sie sich bildend bearbeiten konnte, ist lange vergessen. Vergessen, beziehungsweise zur legitimierenden Phrase heruntergekommen ist auch das ursprüngliche Ziel dieser Karenz, der mündige Mensch, jenes Leitbild bürgerlicher Individualität und Autonomie, dem bisher alle öffentliche Erziehung verpflichtet war. Selbstverständlich kann der einzelne Pädagoge oder Therapeut seine Arbeit immer noch an diesem Leitbild orientieren, und viele tun das auch, aber die Pädagogisierung als öffentlich anerkanntes, relativ hochbewertetes und institutionell in Ausbildungsformen und Berufsorganisationen verfaßtes gesellschaftliches Teilsystem hat die gegenteilige Wirkung.

Normalität ist verdächtig

Unsere Kritik der Pädagogisierung ist also nicht eine Pauschalkritik der pädagogischen und therapeutischen Tätigkeiten. Solange vielmehr in einer klar definierten Situation – in der Schule, in einem Erziehungsheim, in einer therapeutischen Sitzung, in einem Fortbildungskurs für Erwachsene – nach den Regeln des pädagogischen beziehungsweise therapeutischen Handwerks gearbeitet wird, ist dagegen nichts einzuwenden, wenn klar bleibt, daß die dort praktizierten Verfahren und Formen menschlicher Beziehungen *nur dort,* in diesen Situationen, gültig und nicht einfach auf andere Lebenssituationen hin übertragbar sind. Erst diese Grenzüberschreitung, die gesellschaftliche Verallgemeinerung, macht „Pädagogisierung" zum Problem.

Wie automatisch das abläuft, zeigt folgendes Beispiel: Bisher waren die pädagogischen Diplomstudiengänge auf professionelle pädagogische Tätigkeitsfelder bezogen, zum Beispiel auf Sozialpädagogik, Erwachsenenbildung, Sonderpädagogik usw. In dem Maße nun, wie solche Studiengänge beruflich aussichtslos werden, wird die Familie als mögliches Feld pädagogischer Profession entdeckt, „Familienpädagogik" zum neuen Studiengang. Dabei wird offensichtlich unterstellt, daß es genügend defizitäre Familien gibt, die eine solche Profession ernähren könnten, oder daß genügend Familien ihre defizitäre Lage eingeredet werden könnte. Im Grunde muß sogar die grundsätzliche Defizienz der Familie postuliert werden, damit Rechtfertigung für einen solchen Studiengang entstehen kann. Die umgekehrte Vermutung, daß die meisten Familien vielleicht ganz in Ordnung sein könnten, wenn man sie endlich in Ruhe ließe, darf erst gar nicht ins Spiel kommen. In der Tat darf darauf gehofft werden, daß die öffentliche Propaganda für Pädagogisierung genug Verunsicherung schaffen wird; denn „das

Normale", das keiner Ausbeutung bedürftig ist, das niemanden zusätzlich ernähren will, gilt als geradezu asozial.

Dabei ist vor allem die Familie betroffen von einer seit Anfang der siebziger Jahre erkennbaren „Wende" in der Sozialarbeit und Sozialpolitik. Diese setzt nun weniger auf „Korrektur" *entstandener* Probleme – zum Beispiel im Falle von Erziehungsschwierigkeiten oder von Kinder- und Jugendkriminalität –, sie tritt also nicht erst dann in Aktion, „wenn das Kind in den Brunnen gefallen ist", sie setzt vielmehr auf „Prävention", also darauf, das in den Brunnen-Fallen gar nicht erst Tatsache werden zu lassen. Wie alle Begründungen der Pädagogisierung so ist auch diese von kaum zu erschütternder Sinnfälligkeit: Ist es denn nicht wirklich vernünftiger, Schaden zu verhüten, als ihn erst eintreten zu lassen? Ist es da nicht richtig, ein Netz von „Elternbildung" und „Elternberatung" einzurichten, aus dem heraus Profis sofort tätig werden können, wenn das Kind sich dem Brunnen der Abweichung oder Kriminalität zu nähern versucht?

Tatsache ist jedoch, daß es keinen Beweis dafür gibt, daß Prävention wirklich erfolgreich ist. So wenig wie eine „gute" Erziehung allein Garantie für zukünftiges Glück des Erzogenen ist, so wenig läßt sich über die Chance eines präventiven Handelns voraussagen. Sicher ist andererseits aber, daß die Idee der Prävention ein grundsätzliches öffentliches Mißtrauen in die Fähigkeiten der Familie voraussetzt, daß sie das Selbstbewußtsein der Familie aushöhlen und ihre Vergesellschaftung fördern wird. Besondere Aufmerksamkeit aber verdient auch hier wieder, daß diese Art von Prävention sich nur auf die Beziehungsdimension richten kann. Sie muß die menschlichen Beziehungen in der Familie psychologisieren, um eine Möglichkeit des Eingreifens zu finden. Nur was sich psychologisieren läßt, ist einer Intervention zugänglich. Es muß zum Beispiel ein „Beziehungsproblem" zwischen Mutter und Kind sein, das der Regulierung bedarf. Außersubjektive, „objektive" Problembedingungen, zum Beispiel ökonomische Notlagen oder psycho-soziale Folgen von Arbeitslosigkeit müssen ebenso ausgeblendet bleiben wie Persönlichkeitsstrukturen, die sich nicht in Beziehungsprobleme auflösen lassen, also zum Beispiel das, was man früher etwa „Charakter" genannt hätte. Die Psychologisierung vermag also nur ein sehr eingeschränktes Bewußtsein von der eigenen Lage zu stiften – es fehlt sozusagen die politisch-ökonomische und die anthropologische Dimension –, und gerade deshalb eignet sie sich als Transmissionsriemen für die Vergesellschaftung aller menschlichen Basisbeziehungen einschließlich der familiären. Was hier als vielfältige individuelle Hilfe erscheint, ist aufs Ganze gesehen ein System der sozialen Kontrolle.

Indem die Pädagogisierung pauschal die „Un-Normalität" basaler Lebensverhältnisse unterstellt, arbeitet sie an deren Zerstörung. Jede im gesellschaftlichen Leben tätige Gruppe – ob Familie, ob Ortsverein einer Partei, ob Lehrerkollegium oder eine Arbeitsgruppe am Fließband – *muß* sich *im Prinzip* für „normal" halten können; *nur dann* kann sie offen sein für Kritik und Veränderung, *nur dann* kann „Abweichung" erkannt und toleriert beziehungsweise „behandelt" werden. Andererseits kann keine Gesellschaft oder gesellschaftliche Teilgruppe unter dem permanenten Verdacht von „Defizienz" oder „Unnormalität" leben, wie ihn der Totalitarismus der Pädagogisierung suggeriert. Anders ausgedrückt: Jede Normalität schließt ein gewisses Maß an „Unnormalität", an Mangelhaftigkeit ein.

Indem die Pädagogisierung die Defizienz aller menschlichen Verhältnisse unterstellt, erweckt sie die Illusion, daß solche Mängel beseitigt werden könnten, wenn man es nur richtig anstelle. Damit aber greift sie permanent den Kern der menschlichen Identität an, insofern dazu eben auch gehört, „mit seinem Vermögen leben zu lernen", also mit dem, was man kann und was man zu tun bereit ist.

Zusammenfassend läßt sich sagen, daß die Pädagogisierung, indem sie alle lebenden Generationen ergreift, den Begriff der Erziehung aushöhlt, der einmal Kinder von Erwachsenen trennte. Die ursprüngliche Idee, dem Kinde Selbstverantwortung nur Zug um Zug, mit dem Prozeß seines Reifens zuzugestehen, ist in Propaganda für allgemeine gesellschaftliche Verantwortungslosigkeit umgeschlagen; der Respekt vor den gegenwärtigen Bedürfnissen und Interessen des Kindes, der ein Respekt von seiner Innerlichkeit und damit vor seiner Zukunft war, ist zu einer allgemeinen Hofierung von Bedürfnissen – tatsächlichen oder bloß eingebildeten – geworden, weil es diese Bedürfnisse sind, und nicht Willen und Ziele der Menschen, die sich ausbeuten lassen. Bedürfnisse nämlich „gibt" es nicht einfach, sie müssen definiert werden, und eben diese Definitionsmacht der pädagogischen und therapeutischen Profis stellt den erforderlichen Verwertungszusammenhang her, dessen Hauptfeind die Selbstzwecke von Sachen, Menschen und Institutionen sind.

3.

Das Kind als Forschungs- und Handlungsobjekt: Die Pädagogik wird zur Sozialisationswissenschaft

Träger und Motor der Pädagogisierung sind die modernen Erziehungswissenschaften. Sie stellen dafür das Personal, die Techniken und die Ideologien zur Verfügung. Je stärker diese Wissenschaften expandieren, je mehr sie sich an den Universitäten und in Berufsverbänden institutionalisieren, um so hartnäckiger vermögen sie eine öffentliche Propaganda für ihre Angebote zu entfalten. Sie expandieren, weil sie Absolventen produzieren, für die Arbeitsplätze gefunden werden müssen. So werden immer neue Bedürftigkeiten definiert und behauptet. Entdeckt werden zum Beispiel die Alten, die Familien, die Touristen, die Menschen an ihrem Feierabend. In absehbarer Zeit wird die Macht dieser Berufsgruppen so groß sein, daß eine Diskussion über ihren Sinn und Zweck aussichtslos sein wird, so wie es angesichts der Macht der Lehrerverbände längst aussichtslos geworden ist, über eine Verkürzung der Schulzeit zu diskutieren.

Für die beteiligten Wissenschaften entsteht damit eine prekäre Situation. In dem Maße nämlich, wie von ihnen berufs*politische* Unterstützungen erwartet werden beziehungsweise wie sie selbst für ihre Expansion votieren wollen, sind sie auch zu *taktischen* Argumentationen gezwungen, was wiederum ihrer wissenschaftlichen Reputation in der Öffentlichkeit schaden muß. Die für Außenstehende oft unentwirrbare Vermischung von taktischen und „wahrheitsgemäßen" Argumentationen ist auch kaum noch der wissenschaftlichen Kritik zugänglich, weil niemand sie innerbetrieblich oder gar öffentlich äußern kann, der im Wissenschaftsbetrieb noch reüssieren möchte. Was in Sachen „Pädagogisierung" „richtig" ist, wird von Gremien beschlossen, deren Texte scheinbar wissenschaftliche Ernsthaftigkeit ausstrahlen. So ruiniert auf lange Sicht die Pädagogisierung die Wissenschaften, denen sie sich verdankt. Aber zurück zur Pädagogisierung des Kindes.

Pädagogik vom Kinde aus

Wie bereits gesagt, war eine Folge der Erfindung der Kindlichkeit des Kindes das Bündnis von pädagogischer Profession und Wissenschaft. Wissenschaft legitimiert die pädagogische Profession, die ihrerseits den Ausbau der pädagogischen Wissenschaft beflügelt. Auf der Grundlage des bürgerlichen Prinzips der Wissenschaftlichkeit konnte sich die pädagogische Profession eine relative Autonomie zwischen den Eltern einerseits und dem Staat beziehungsweise den übrigen Erziehungsmächten andererseits verschaffen. Allerdings setzte sich diese Tendenz nur zögernd erst in unserem Jahrhundert durch. Noch nach dem Zweiten Weltkrieg war der Einfluß der Kirchen als Erziehungsmächte so groß, daß sich die Konfessionsschule wieder weitgehend durchsetzen konnte.

Die wissenschaftliche Legitimation für diesen Emanzipationsprozeß lieferte die geisteswisssenschaftliche Pädagogik mit dem schon erwähnten Konzept der „Pädagogischen Autonomie" beziehungsweise des „Pädagogischen Bezugs". Obwohl in seinem Mittelpunkt die Autonomie des Kindes und die Entwicklung seiner Fähigkeiten stand, war es in erster Linie eine „Erziehertheorie", nämlich über dessen beruflichen Status und Aufgabenkreis. Allerdings blieb eine gewisse Balance gewahrt: Erzieherisches Handeln mußte sich am Wohl des

Kindes – und zwar des einzelnen – orientieren und deshalb auch kritisieren lassen.

Solange die geisteswissenschaftliche Pädagogik die öffentliche Meinung beherrschte – bis etwa Anfang der sechziger Jahre –, hielt sich also der wissenschaftliche Zugriff auf das Kind in Grenzen. Diese Pädagogik wurde unterstützt durch eine Entwicklungspsychologie, die die Stufen der kindlichen Entwicklung zu beschreiben versuchte, damit Lehrer und Erzieher lernen konnten, mit jeder kindlichen Altersstufe verständnisvoll umzugehen.

Die Wissenschaften erobern das Kind

Das änderte sich Mitte der sechziger Jahre. Nun bekam die *politische* Forderung nach einer besseren Bildung für möglichst viele Menschen öffentliche Resonanz. Sie nährte sich einerseits aus der Furcht, wir könnten auf dem Weltmarkt konkurrenzunfähig werden, wenn wir nicht alle Begabungsreserven mobilisieren, andererseits spielte die Forderung eine Rolle, daß Bildung ein Bürgerrecht für alle sei. Nun expandierte das Bildungswesen vor allem im Bereich der Hochschule und des Gymnasiums, und dieser Massenbetrieb rief nach neuen organisatorischen und didaktischen Gestaltungsmöglichkeiten. Die Frage war nicht mehr, wie man dem *einzelnen* Kind zur Entfaltung seiner Kräfte und Fähigkeiten verhelfen, sondern wie man möglichst *vielen* Kindern eine möglichst hohe Qualifikation verschaffen könne. Die politische Forderung verdrängte gewissermaßen die pädagogische Fragestellung. Das Kind wurde gleichsam nur noch im Plural gedacht. In diesem Zusammenhang versuchte man, mit Hilfe sozialwissenschaftlicher Forschungen und Planungen den Unterricht effektiver zu gestalten – teilweise nach dem Vorbild des industriellen Fertigungsprozesses. Die Zeit der Curriculum-Konstruktionen und des programmierten Lernens brach an. Es sollte möglichst viel in möglichst kurzer Zeit gelernt werden. Unter diesem Gesichtspunkt wurden nun auch die Widerstände wissenschaftlich interessant, die die Schüler dem Lernen entgegenbrachten.

Die Soziologie entdeckte etwa, daß Unterschichtkinder besondere, aus ihrer sozio-ökonomischen Lage resultierende Schwierigkeiten hatten, die Leistungserwartungen der Schule zu erfüllen. Die Schule wurde als „Mittelklasseninstitution" entdeckt, die „Sprachbarrieren" des Unterschichtkindes wurden über Jahre ein beliebtes Prüfungsthema.

Psychologen versuchten, die Motive der Kinder zu ergründen, um sie den erwünschten Leistungen nutzbar zu machen. „Intrinsische", also aus der eigenen Innerlichkeit kommende Motivationen sollten z. B. den „extrinsischen" überlegen sein, die ständig der von außen kommenden sozialen Ermutigung und Bekräftigung bedürfen – was wohl auch Teil einer pädagogischen „Mittelschichtideologie" war.

Die Psychoanalyse, bis dahin eher eine medizinische Spezialität für die Heilung seelischer Krankheiten, wandte sich nun auch pädagogischen Fragen zu und suchte etwa die unbewußten Ursachen für Lern- und Verhaltensstörungen herauszufinden.

Öffentliche Aufmerksamkeit erregten aber vor allem Neills *Theorie und Praxis der Anti-autoritären Erziehung* (Reinbek 1969) und mehr oder weniger geschmackvolle Thesen zur Sexualpädagogik.

Die nun aufkommende Bildungsökonomie, die das Bildungswesen nach volks- und betriebswirtschaftlichen Gesichtspunkten untersuchte, unterbreitete Vorschläge, wie man das Bildungssystem im ganzen wie im einzelnen rationeller organisieren könne. Ein Ergebnis war, daß man um so mehr differenzieren könne, je größer die Schule sei.

Diese Wissenschaften, die das Kind nun umstellten und es zum Objekt ihrer Forschungen und Planungen machten, expandierten in alle möglichen Richtungen. Der Kindergarten sollte umfunktioniert werden, um auf das Lernen in der Schule vorzubereiten, Eltern sollten sich beraten lassen, in den Schulen wurden Schulpsychologen und Beratungslehrer tätig.

Vielleicht mit Ausnahme der Bildungsökonomie kann man diese Wissenschaften, die nun neben die traditionelle Pädagogik traten, gemeinsam mit ihr als Erziehungswissenschaften bezeichnen, insofern sie nämlich das Kind, seine Erziehung, Bildung und Sozialisation zum Gegenstand machten. Jedenfalls war ihre öffentliche Wirkung eine gemeinsame, und die mehr oder weniger historisch zufällige Ausformung und Etablierung der einzelnen Disziplinen ist für unseren Zusammenhang nicht interessant.

„Erzieherwissenschaften" gegen das Kind

In dieser Expansion ging die alte pädagogische Maxime weitgehend verloren, daß im Mittelpunkt aller Bemühungen die Entfaltung der Fähigkeiten des Kindes zu stehen habe. Vielmehr wurden die Erziehungswissenschaften nun vollends „Erzieherwissenschaften". Das hat mehrere Gründe.

Zunächst einmal gerieten die Erziehungswissenschaften unter Erfolgszwang. Die *politischen* Erwartungen der Bildungsreform suchten in diesen Wissenschaften sowohl ihre Rechtfertigung als auch die Garantie der erfolgreichen Durchführung. Die gestiegenen Ausgaben mußten sich öffentlich rechtfertigen lassen. Die „besseren" Ziele der Reform konnten nur durch „bessere" Ausbildung der Erzieher und diese nur durch „bessere" Verwissenschaftlichung des pädagogischen Geschäftes erreicht werden. Die Erziehungswissenschaft schien etwas Neues und nie Dagewesenes „leisten" zu müssen, und die öffentliche Wissenschaftsgläubigkeit führte zu einer kaum noch überschaubaren Produktion an empirischen Forschungen und Curriculum-Konstruktionen. Der Legitimationsdruck verselbständigte sich gegenüber der praktischen Brauchbarkeit und Bedürftigkeit, führte zum Beispiel zu einer Fachterminologie, die zum Teil nur noch von wenigen Spezialisten verstanden wurde.

Zweitens wurden die erziehungswissenschaftlichen Forschungen und die daraus abgeleiteten Handlungsanweisungen immer weniger vom Standpunkt des Kindes und seiner Bedürfnisse her formuliert, sondern umgekehrt vom Standpunkt der manipulierenden Erzieher. Das Kind kam nur noch in ideologischen Versatzstücken vor, wie den immer blasser werdenden Postulaten nach „Chancengleichheit" oder „kompensatorischer Erziehung". Die manipulativen Tendenzen finden sich keineswegs nur auf der kognitiven Ebene, etwa in Lernziel-Konstruktionen, die das Kind zu wenig mehr als zu einer Lernmaschine definieren. Auch auf der emotionalen und sozialen Ebene sollte durch Einführung gruppendynamisch-psychoanalytischer Erkenntnisse und Verfahren nichts mehr sich dem manipulativen Zugriff des Lehrenden entziehen. Angst, Aggression, Verweigerung, emotionale Distanz sind nicht mehr ein persönliches Vorbehaltsrecht des Schülers, sondern wurden Gegenstand von Unterricht, von „Selbstreflexion", von mehr oder weniger kundigen Intro-Spektionen, von „sozialem Lernen" usw.

Drittens schließlich versuchte die traditionelle geisteswissenschaftliche Pädagogik sich neu zu verstehen, nämlich als empirisch-hermeneutische Sozialwissenschaft. Auf diese Weise versuchte sie den neuen Wissenschaftsanspruch im Wettbewerb zu akzeptieren. Nun schien sie ihre wissenschaftliche Dignität aus neuen

Möglichkeiten der Planung und Machbarkeit zu gewinnen. Die Bildungsreform zum Beispiel schien wissenschaftlich begründet und eo ipso auch politisch legitimiert. Lernziel-Konstruktionen sollten mit dem alten Schlendrian des zufälligen, nicht rational legitimierbaren Unterrichts aufräumen. Der neue Unterricht sollte sich legitimieren müssen, also als die beste aller denkbaren Variationen sich ausweisen. Selbst Leitziele wie „Mündigkeit" und „Emanzipation" schienen planvoll intendierbar zu sein. Emotionale und soziale Defekte, Bildungsbenachteiligung der unteren Schichten – alles schien änderbar, also neu und besser machbar. Beschränkte sich die geisteswissenschaftliche Pädagogik noch darauf, über die Bedingungen der Möglichkeit dafür nachzudenken, daß das Kind sich selbst bilden könne, so entstand nun ein Schulmeistergeist, dem – nicht zuletzt auch in den Hochschulen – Lernen und Qualifizieren herstellbar erschienen, wenn man nur die „richtige" – nämlich „berufsbezogene" – Ausbildung dafür bekam.

Die neuen Erziehungswissenschaften verselbständigten sich gleichsam gegenüber dem traditionellen pädagogischen Anspruch, sie definierten auf Grund ihres methodischen Selbstverständnisses ihren Gegenstand – das Kind – anders als die frühere Pädagogik.

Die Soziologie zum Beispiel erforscht nicht das Individuum, sondern menschliche Gruppen. Wenn sie zum Beispiel eine Bildungsbenachteiligung von Unterschichtkindern im allgemeinen feststellt, dann ermutigt sie zwar entsprechende bildungspolitische Maßnahmen, aber die *pädagogische* Frage, wieweit das *einzelne* Unterschichtkind seine Fähigkeiten entfalten könne, ohne daß es überfordert wird oder den Bezug zu seinem sozialen Milieu und damit möglicherweise seine Identität verliert, tritt dabei zurück.

Die empirische Psychologie mag die Lernmotive von

Kindern erforschen, aber der pädagogische *Zweck*, dem diese Kenntnisse dienen sollen, liegt außerhalb ihres Wissenschaftsverständnisses. Nach welchen Maßstäben zum Beispiel soll man „extrinsische" beziehungsweise „intrinsische" Motivationen pädagogisch behandeln und bewerten?

Und die Psychoanalyse mag herausfinden, daß ein Kind verhaltensgestört ist, weil seine Position in der Familie problematisch ist, sie mag diese Störung sogar heilen, aber das ist allenfalls eine Voraussetzung dafür, Autonomie und Selbstentfaltung des Kindes im Erziehungs- und Bildungsprozeß zu ermöglichen.

Alle diese Wissenschaften definieren das Kind als einen für sie zweckmäßigen Gegenstand. Für die empirischen Wissenschaften ist es ein Lebewesen, an dem nur das interessant ist, was sich beobachten und messen läßt, für die Psychoanalyse ist es ein mit seinen Trieben und mit seiner Außenwelt in Spannung lebendes Wesen. Diese wissenschaftlichen Zugänge zum Kind und zu seiner Erziehung wären aber nur dann seiner individuellen Entwicklung nützlich, wenn ihre Ergebnisse jenem alten pädagogischen Leitmotiv der Autonomie und der Entwicklung der Kräfte und Fähigkeiten unterworfen würden, wenn also diese Wissenschaften „Hilfswissenschaften" einer so verstandenen Pädagogik blieben. Da aber die moderne Pädagogik als Sozialwissenschaft diesen Standpunkt selbst weitgehend verlassen hat, kann sie ihn auch nicht mehr zur Geltung bringen.

So setzen sich die in diesen Wissenschaften enthaltenen pädagogischen Implikationen als pädagogische Leitvorstellungen durch. Auf diese Weise wird das Kind zum Objekt von außen gesetzter Ansprüche, was die geisteswissenschaftliche Pädagogik ja gerade im Namen der Individualität verhindern wollte. Gemessen also an der alten pädagogischen Maxime betreiben die neuen Erziehungswissenschaften eher die ständige Vergesellschaftung des Kindes, erwarten soziale und emotionale Kollektiv-Standards. Das soziologische Ideal ist das sozial integrierte, das kooperationswillige und gruppenfähige Kind; die biographische Perspektive, der Weg des Kindes in seine Zukunft, bleibt ausgeblendet. Die gegenwärtige Beliebtheit von Gruppenarbeit und Gruppenunterricht in allen möglichen Formen ist ein Ausfluß dieses Ideals. Für die Herausbildung der Individualität wäre aber auch die Fähigkeit wichtig, Distanz zu Gruppen und ihren Erwartungen durchzuhalten.

Das geheime Wunschbild der Psychoanalyse ist das Kind, das mit seinen Trieben und mit seiner Außenwelt in Harmonie lebt, wobei die Außenwelt als so oder so gegeben hingenommen wird. Zu einer mündigen Entwicklung gehört aber auch die Fähigkeit, aktiv in die Außenwelt einzugreifen, sie mitzugestalten und die dabei entstehenden Spannungen und Frustrationen zu ertragen.

Aus der Art und Weise, wie die einzelnen Erziehungswissenschaften das Kind definieren, folgt auch eine entsprechende pädagogische Handlungserwartung: das Kind kooperationsfähig machen, ihm Triebkonflikte ersparen usw. In der pädagogischen Ausbildung werden solche Handlungsvorstellungen nebeneinander erworben, ohne Bezug zueinander und ohne daß sie zu einem übergreifenden, die ganze Person des Kindes und seine Perspektive erfassenden Konzept integriert werden könnten. Die pädagogischen Handlungsvorstellungen bleiben so an Teilaspekten orientiert, die sich teilweise wie Moden abwechseln. Die Auflösung der Handlungsperspektive in einzelne Teilaspekte bringt aber auch den kritischen Standpunkt zum Verschwinden, von dem aus das Wohl des Kindes geltend gemacht werden könnte, – eine wichtige Voraussetzung für den Übergang von Erziehung zur Sozialisation; denn das, was da nicht mehr in die Reflexion genommen wird, gestaltet sich nach anonymen kulturellen Steuerungen.

Nun bleibt sicher einzuwenden, daß es eine ganze Reihe von Erziehungswissenschaften gibt, die für ihre eigene Arbeit den Standpunkt des Kindes keineswegs aufgegeben haben. Das trifft zwar zu, aber die Frage ist, ob es ihnen gelingt, diesen Gesichtspunkt wieder allgemein zur Geltung zu bringen – nicht nur im Wissenschaftsbetrieb, sondern auch in der pädagogischen Praxis; denn dabei geht es nicht nur um überzeugende Argumentationen, sondern auch um Machtfragen, zum Beispiel wer über Studien- und Ausbildungsordnungen, über Lehrpläne und Unterrichtsgestaltung entscheidet und wer mit welchen Konzepten die Ausbildung der professionellen Erzieher bestimmt. Das, was sich in den pädagogischen und wissenschaftlichen Institutionen tatsächlich abspielt, ist keineswegs identisch mit ihrer offiziellen Literatur. Die dort das Sagen haben, schreiben meistens nichts darüber.

Wenn man die beschriebene Entwicklung der Erziehungswissenschaften nicht als zufällig ansehen will, zum Beispiel als – gemessen an der alten pädagogischen Maxime – zeitbedingte Fehlentwicklung, dann bekommt sie jedenfalls einen Sinn im Zusammenhang unserer Argumentation: Auch die Erziehungswissenschaften haben die Perspektive des Kindes und seiner Zukunft aufgegeben, sie sind Sozialisationswissenschaften geworden. Damit sind sie keineswegs überflüssig, im Gegenteil sind sie wichtige Hilfsmittel für die Diagnose kultureller Steuerungen geworden sowie für geeignet erscheinende Interventionen in derartige Prozesse. Hinzu kommen die unter dem Stichwort der „Pädagogisierung" bereits angesprochenen Funktionen der sozial-emotionalen Versorgung und Kontrolle.

4.

Die Auflösung des Generationsverhältnisses: Die Macht der Erwachsenen schwindet

Bürgerliche Erziehung – so hatten wir gesehen – begründete sich von der Verantwortung für die individuelle wie gesellschaftliche Zukunft des Kindes her. Auf diese Zukunft waren die Erziehungsabsichten bezogen. Daneben gab es selbstverständlich immer auch Sozialisation, zum Beispiel im Sinne des Gewöhnens an Formen des menschlichen und gesellschaftlichen Umgangs, an Rituale und Regeln.

Konstitutiv für beide Formen des Lernens war das Generationsverhältnis, also das Verhältnis von junger und erwachsener Generation. Die Jungen wurden erzogen von den Älteren, das Generationsverhältnis war das Erziehungsverhältnis schlechthin. Grob gesehen lassen sich seit dem Aufkommen der bürgerlichen Gesellschaft drei Phasen der Veränderung dieses Verhältnisses unterscheiden.

Die erste Phase dauerte am längsten, etwa vom Ende des 18. bis zum Ende des 19. Jahrhunderts. In dieser Phase war die Erziehung der Jüngeren scheinbar noch einigermaßen fest in der Hand der Älteren. Die Erwachsenen verfügten über den nötigen Erfahrungsvorsprung, der das gemeinsame Überleben garantierte, und sie hatten die Macht, über die Zukunft der Jüngeren und also auch über die Erziehungsziele und Erziehungspraktiken zu bestimmen. Allerdings galt das in dieser Zeit nur mit Einschränkungen und mit abnehmender Tendenz. Der Vorsprung der Erwachsenen begann schon dadurch zu schrumpfen, daß die industriellen und kulturellen Umwälzungsprozesse in vielen Fällen gerade den Wissens- und Erfahrungsvorsprung der Älteren zunichte machten. Sicherung der Zukunft im Sinne des beruflichen und wirtschaftlichen Aufstiegs ließ oft den Bruch mit den von den Älteren überlieferten Erfahrungen nötig werden. Hinzu kam die Revolution des Wissens auf allen Gebieten; wer lesen konnte, kannte oft mehr als seine Lehrer. Die Arbeiterschaft konnte ihrem Nachwuchs ohnehin keine Zukunft garantieren außer im Sinne der Aufforderung, möglichst früh das Leben in die eigene Hand zu nehmen. Dennoch umgab die Autorität Erwachsener das Leben der Kinder und Jugendlichen auch außerhalb der Familie; Erziehungs- und Sozialisationsansprüche wurden nicht wie heute massenmedial, sondern personal repräsentiert: durch Lehrer, Offiziere, Vorgesetzte usw.

In einer zweiten Phase, die man zumindest für Deutschland etwa zwischen 1900 und Mitte der sechziger Jahre ansetzen kann, wurde der Erziehungsanspruch der Erwachsenen relativiert durch den Selbsterziehungsanspruch der Jugend – anschaulich faßbar im Phänomen der Jugendbewegung. Seit Ende der sechziger Jahre geht der unmittelbare, persönliche Einfluß Erwachsener auf das Heranwachsen der Jüngeren deutlich zurück zugunsten der immer bedeutsamer werdenden Gleichaltrigengruppen.

Für die Veränderungen des Generationsverhältnisses in der zweiten und dritten Phase ist die Erinnerung an einen Aufsatz von Herman Nohl aus dem Jahre 1914 von Interesse, in dem er sich über „Das Verhältnis der Generationen in der Pädagogik" äußerte (*Pädagogische Aufsätze,* Langensalza 1930). Es ging um die Forderung der damaligen Jugendbewegung – vor allem ihres radikalen Flügels um Gustav Wyneken –, die Erwachsenen aus dem Erziehungsprozeß möglichst auszuschalten zugunsten der Selbsterziehung der Jugend. Die Erwachsenen seien unfähig zur Erziehung geworden, weil sie für sich keine idealen Lebensziele mehr sähen, sondern ein in Konventionen erstarrtes und von materialistischen Interessen geprägtes Leben führten. Eine bessere Gesellschaft könne nur heraufkommen mit einer jungen Generation, die fern aller Konventionen und Interessen mit „reinen" Motiven ihre natürlichen Anlagen zu entfalten und dabei zu den höchsten menschlichen Idealen vorzustoßen vermöge.

Nohl sah diese Tendenz zur Emanzipation der Jugend zustimmend und kritisch zugleich. Er sah in ihr einerseits die letzte Konsequenz einer Entwicklung, die mit der Aufklärung begann und die Zug um Zug zur Autonomie und Selbstbestimmung der Individuen führte. Alle künftige Pädagogik werde das Eigenrecht des Kindes und Jugendlichen zu respektieren und in ihre Planungen einzubeziehen haben.

Andererseits aber sei durch diese Entwicklung die pädagogische Bedeutung des Generationsverhältnisses zwar verändert, aber keineswegs aufgehoben. Die Jugend könne keineswegs allein, also losgelöst aus den Beziehungen zur älteren Generation, zu jener sittlichen Autonomie und geistigen Freiheit sich durchringen, wie sie die Vertreter der Jugendkultur im Auge hatten. Dafür müsse sie vielmehr den Bruch mit der schönen Jugendzeit wagen und in die Auseinandersetzung mit den von den Älteren repräsentierten geistigen und sittlichen Ansprüchen eintreten; denn nicht abstrakt, sondern nur durch persönliche Vermittlung könnten die geistigen Ideen für die Jugend bedeutsam werden. Nur im unmittelbaren, persönlichen Umgang mit der älteren Generation, keineswegs in der Beschränkung auf die Gleichaltrigen, könnten Jugendliche wichtige Erfahrungen machen, eine Moralität erwerben und so fundamentale Gefühle wie Ehrfurcht, Achtung, Pietät und Dankbarkeit erleben.

Nohl sah also im Generationsverhältnis, beziehungs-

weise in seinem Gefälle: Reif – unreif, selbständig – unselbständig, das unverzichtbare Fundament von Erziehung und Bildung überhaupt.

Die Politisierung des Jugendalters

Nun ging es ja den radikalen Vertretern der Jugendkultur
gar nicht darum, die Erwachsenen überhaupt auszuschalten, sondern nur diejenigen, die nicht in ihre Vorstellung paßten. Die Wortführer selbst – wie Wyneken –
nahmen sich dabei aus. Die Jugendkultur wurde von Erwachsenen formuliert. Das berühmte Fest der Jugendbewegung auf dem Hohen Meißner 1913 war nicht zuletzt
eine Versammlung von Erwachsenen, die mit ihren teils
völkisch-nationalistischen, teils lebensreformerischen
Ideen die Jugend für ihre Ziele gewinnen wollten. Die Jugendbewegung, die sich einen selbstbestimmten Frei-
zeitfreiraum öffnen wollte, rief eine Menge Männer auf
den Plan, die – wie Nohl forderte – in einer persönlich-
verbindlichen Beziehung für ihre Autorität und für ihren
Willen freiwilligen Gehorsam erwarteten.

Aber neu war eben diese Freiwilligkeit. Jugend wird in
dem Maße, wie sie sich in ihrer Freizeit den traditionellen Erziehungsmächten Familie, Schule, Kirche entziehen kann, zu einem Nachwuchsmarkt für die Erwachsenen und ihre Organisationen. Wer sie haben will, muß
um sie werben. Schon vor dem Ersten Weltkrieg ent-
brennt ein regelrechter „Kampf um die Jugend", wie er
eindrucksvoll im neuartigen Phänomen der Jugendpflege
zum Ausdruck kommt. In dem Maße, wie die Jugend den
bisher von den Erziehungsmächten kontrollierten Raum
verläßt und sich in den neu entstehenden Freizeitraum
begibt, wird sie disponibel für alle möglichen gesellschaftlichen Erwartungen und Versprechungen, für einander widersprechende Werte und Normen ebenso wie

für unterschiedliche berufliche und weltanschauliche Karrieren. Die katholische Tochter z. B. kann vom kommunistischen Jugendverband geworben werden. Das Jugendalter wird also vergesellschaftet und dem allgemeinen öffentlichen Zugriff preisgegeben.

Diese Entwicklung – die ich die Politisierung des Jugendalters nennen möchte – setzte sich in der Weimarer Zeit in den nunmehr aufblühenden Jugendorganisationen und Jugendverbänden fort und erreichte ihren Höhepunkt in der angeblich „jungen" Partei der Nationalsozialisten. Diese Politisierung des Jugendalters, seine „Veröffentlichung", ist ein Aspekt der Tatsache, daß gerade in den Mittelschichten die Kinder und Jugendlichen ihre Zukunft verinnerlichen, selbst für sie verantwortlich werden müssen. Insofern ist die Gleichzeitigkeit von Reformpädagogik und Jugendbewegung nicht zufällig. Beide Bewegungen signalisieren die schindende Macht der Eltern über die Zukunft der Kinder.

In dieses Machtvakuum stoßen nun die erwähnten Erwartungen partikularer Erwachsenengruppen, die neue Zugehörigkeiten offerieren. Nun repräsentieren die Erwachsenen außerhalb der Familie nicht mehr *persönlich* die *allgemeinen* Sozialisations- beziehungsweise Erziehungserwartungen gegenüber den Jugendlichen, sondern ihre jeweils besonderen, im Rahmen der unausweichlich gewordenen normativen und weltanschaulichen Pluralität. Dabei wird andererseits die Jugend Legitimationsgrundlage oder auch Vorwand für die Ambitionen Erwachsener. Das war schon auf dem „Hohen Meißner" zu spüren. Die dort versammelten Erwachsenen waren gesellschafts- und kulturkritisch engagiert und suchten die Jugend zum „Träger", zum Transmissionsriemen ihrer Vorstellungen zu machen nach dem Motto, daß die Zukunft gehöre, wem die Jugend gehört. Die Probleme des Jugendalters werden nun so definiert, daß sie dieser Intention entsprechen. Diese Tendenz ist auch gegenwärtig unverkennbar. Man will dem politischen Gegner eins auswischen oder die staatliche Administration attackieren oder einen pädagogischen Beruf aufwerten, was ja alles sehr vernünftig sein kann, und da kommen einem die Jugendprobleme gerade recht. Die Lage der Jugend wird dabei so definiert, daß sie entweder umschmeichelt wird oder als hilfloses Opfer gesellschaftlicher Zustände erscheint. Wenn man aber die tatsächlichen Probleme Jugendlicher als Zeichen einer allgemeinen „Kulturkrise" diskutiert, dann diskutiert man z. B. eben nicht über Arbeitslosigkeit und Wohnraummangel, sondern über das, was andere Leute oder bestimmte Berufe daraus für sich selbst machen können. Die Jugendlichen selbst wollen und können keine kulturkritischen Theorien produzieren, sie wollen lediglich in einer bestimmten Weise leben.

Die Politisierung des Jugendalters hat notwendigerweise zu einem tiefen Mißtrauen zwischen den Generationen geführt. Die Älteren können sich der Haltung und Einstellung der Nachwachsenden niemals sicher sein, die Jüngeren ahnen zumindest etwas von dem politischen und pädagogischen Ausbeutungszusammenhang zwischen den Generationen.

Erwachsene als Funktionäre

Erwachsene treten in der Öffentlichkeit den Kindern und Jugendlichen nicht mehr als persönliche Repräsentanten eines kulturellen Milieus oder einer irgendwie gearteten „bürgerlichen Ordnung" gegenüber, sondern als *Funktionäre*, die im Auftrag einer gesellschaftlichen Partikularität handeln. Je höher der Grad von Öffentlichkeit, um so unausweichlicher stellt sich dieses Generationsverhältnis ein. Politiker etwa, die vor dem Fernsehen den „Dialog mit der jungen Generation" suchen, sind durch ihre

Funktion darauf festgelegt, ein *politisches* Gespräch zu führen und nicht etwa ein persönlich-verbindliches, das ja durch Öffentlichkeit nur gestört werden kann. Der Politiker spricht im Fernsehen gar nicht mit seinen Partnern, sondern im Hinblick auf eine kalkulierte öffentliche Reaktion, gerade bei wichtigen Themen im Rahmen einer mehr oder weniger engen „Sprachregelung". Im Fernsehen findet kein Austausch von Individuen statt, sondern von Repräsentanten beziehungsweise Funktionären, und wer nur sich selbst zu vertreten hat, ist dort schlicht fehl am Platz, stört das eingeschliffene Kommunikationsritual.

Ein echtes Dilemma also: Das persönlich-verbindliche Gespräch zwischen den Generationen wäre nur unter Ausschluß der Öffentlichkeit möglich, der aber widerspricht den allgemeinen Erwartungen, die an einen Politiker gestellt werden und die er auch an sich selbst stellen muß, wenn er politisch erfolgreich werden oder bleiben will. Gewiß ist der Politiker ein besonders extremes Beispiel, aber im Prinzip gilt das durchgehend – im Berufsleben, angesichts eines bezahlten Freizeitpädagogen oder eines Vertreters einer Jugendorganisation. Ein Repräsentant im Sinne Nohls übernimmt persönlich die Verantwortung für das, was er repräsentiert und wie er es tut. Ein Funktionär verweist auf seine – weitgehend anonymen – Auftraggeber. Auch die schon erwähnte „Pädagogisierung" ist nur eine Variante der Funktionalisierung: Eltern, die ihre Kinder wie Klienten behandeln, handeln wie Funktionäre, ebenso handeln Lehrer, die das, was sie unterrichten, gar nicht interessiert, wobei hinzuzufügen ist, daß dieser Lehrertyp längst der in unserem Ausbildungssystem erwünschte ist.

Nohls Vorstellung von der unersetzbaren erzieherischen Bedeutung der Begegnung mit reifen, also erwachsenen Persönlichkeiten, ist offensichtlich nicht einmal mehr ein Leitbild für die Ausbildung pädagogischer

Profis. Diese Vorstellung setzt erwachsene Repräsentanten, nicht Funktionäre voraus. Zudem kannte Nohl damals das Fernsehen noch nicht. Mit dem Fernsehen und anderen Instrumenten der Massenkommunikation ist vorstellbar geworden, was Nohl noch für unmöglich hielt: daß nämlich eine junge Generation mit einem Minimum an persönlichen Beziehungen zur älteren Generation heranwachsen kann und dennoch soweit kulturell gesteuert wird, daß man sie zwar nicht als erzogen, aber doch als sozialisiert betrachten kann. Offensichtlich haben die Massenmedien nicht nur die Unterschiede zwischen den Generationen eingeebnet, sondern auch zu einem guten Teil die Funktion der kulturellen und moralischen Überlieferung übernommen, die Nohl noch als ein konstitutives Element des unmittelbaren Generationsverhältnisses ansah. Die Tendenz ist also unverkennbar: Immer weniger planmäßige und persönlich verantwortete Erziehung und immer mehr anonym gesteuerte Sozialisation durch Mitmachen und durch Gewöhnung an wechselnde Moden.

Flucht zu den Gleichaltrigen

In diesem Zusammenhang haben die Gleichaltrigengruppen eine zunehmende Bedeutung bekommen. Je mehr nämlich das Generationsverhältnis sich politisierte und funktionalisierte, um so mehr *separierten* sich die Generationen voneinander. In Schule und Hochschule sowie vor allem in der Freizeit bleiben die Jungen unter sich. Viele verlassen so früh wie möglich das Elternhaus, um sich – oft gemeinsam mit anderen Gleichaltrigen – eine eigene Wohnung zu nehmen. Kontakte zur Lebens- und Vorstellungswelt anderer Generationen laufen über die Massenmedien oder über funktionalisierte Repräsentanten wie Lehrer, Hochschullehrer oder Sozialarbeiter. Jugend ist ebenso in ein Getto der Gleichaltrigen verbannt wie die Rentner, die, zumal wenn sie im Altenheim leben, oft über den Mangel an Beziehungen zu anderen Generationen klagen. Schon Kinder verbringen den größten Teil der Freizeit unter Gleichaltrigen und verringern damit die Möglichkeiten erzieherischer Einflußnahme. Dabei dehnt sich die Orientierung an Gleichaltrigen bei einem Teil der Jugendlichen bis weit ins Erwachsenenalter hinein aus. Sie leben gleichsam jugendzentriert weiter, unter Gleichaltrigen und ohne sich an den Erwachsenen zu orientieren. Das „klassische" Merkmal für die Übernahme von Erwachsenenrollen, der Eintritt in den Beruf, ist vielen wegen Arbeitslosigkeit versperrt, wird von anderen aber auch als nicht beziehungsweise noch nicht erstrebenswert verweigert.

Allerdings ist dies auch nur im Sinne einer Tendenz zu verstehen, viele Jugendliche, vor allem außerhalb der großen Städte und auf dem Lande, leben immer noch „erwachsenenzentriert".

Diese drei Tendenzen – Politisierung und Funktionalisierung des Generationsverhältnisses, Separierung der Generationen – begannen also bereits in Gestalt der Jugendbewegung vor dem Ersten Weltkrieg und erreichten einen ersten Höhepunkt im Nationalsozialismus. Die Hitlerjugend war konzipiert als eine Art von eigenem „Stand" im Volke, mit eigenen Symbolen und Funktionen, in gewisser Weise sogar mit einer eigenen Polizei in Form des „Streifendienstes", – dies alles mit dem Anspruch, *alle* Jugendlichen in ihren Reihen zu haben. Auf diese Weise wurde die junge Generation konsequent von den anderen separiert. Die längst vorliegende Tendenz der Separierung und der Funktionalisierung der Generationen wurde in Gestalt der Hitlerjugend radikalisiert, die Tendenz der Politisierung wurde monopolisiert.

Heute funktioniert die soziale und kulturelle Steuerung der Heranwachsenden – also ihre Sozialisation –

insbesondere über die Gleichaltrigen, hier vor allem wird sie in Moden, Denk- und Sprachstrukturen und in Verhaltensweisen konkret. Hier andererseits entstehen auch die Proteste, die gesellschaftliche Abkapselung oder die Szenen – vom Rechtsradikalismus bis zur Drogenszene.

In den Anfängen der Jugendbewegung war die Gleichaltrigengruppe zunächst der Versuch, einen relativ kleinen Zeit- und Handlungsspielraum für selbstgestaltetes Leben und Erleben in Distanz zu den überlieferten Erziehungsmächten zu gewinnen. Aber schon früh – vor allem in der Weimarer Zeit – gab es dann auch in Gestalt des „ewig Jugendbewegten" den Typus dessen, der den Anschluß an die Erwachsenenkultur verlor und jugendzentriert weiterleben wollte. Darin drückte sich unter anderem aus, daß Erwachsensein im traditionellen Sinne – Beruf haben, Familie gründen, eventuell öffentliche Ämter wahrnehmen – nicht erstrebenswert erschien oder von einer unklaren Perspektive umgeben war. Dieser Prozeß ist inzwischen weiter fortgeschritten. In seiner „klassischen" soziologischen Theorie über die Gleichaltrigengruppe in den fortgeschrittenen Industriegesellschaften hatte Eisenstadt (*Von Generation zu Generation,* München 1965) ihre Funktion vor allem darin gesehen, daß sie den Übergang von den familienorientierten Kindheitsrollen zu den Erwachsenenrollen erleichtere. Ohne sie sei dieser Übergang zu abrupt. In der Familie könne man nämlich nur personenorientierte, emotional getönte, gleichsam die ganze Person umfassende Rollen lernen, in der arbeitsteiligen Gesellschaft (zum Beispiel am Arbeitsplatz) aber benötige man emotional distanzierte und funktionsorientierte Rollen. Um diese zu lernen, biete die Gleichaltrigengruppe gleichsam ein Versuchsfeld an: Hier könne man lernen, nicht-familiäre Beziehungen einzugehen mit relativer Distanz, zugleich behalte man aber ein gewisses Maß an Emotionalität in der Solidarität mit denjenigen, die die gleichen Probleme haben. Demnach ist die Gleichaltrigengruppe lediglich ein notwendiges Durchgangsstadium zwischen Kindheit und Erwachsensein.

Voraussetzung dieses Modells ist jedoch, daß Erwachsensein ein einigermaßen klar definierter Status ist, den anzustreben auch lohnt. Beides jedoch ist keineswegs mehr selbstverständlich. Der Erwachsenenstatus ist unklar geworden, und zwar in dem Maße, wie das Ideal der Jugendlichkeit die Gesamtgesellschaft beherrscht und die Massenmedien – wie Postman gezeigt hat – die Grenzen zwischen den Generationen verwischen. Andererseits ist die Versuchung für Jugendliche groß, in ihrem „pädagogisierten" Zustand zu verbleiben, der ihnen kaum Verantwortung aufbürdet, aber ihre Mindestversorgung garantiert und typische Erwachsenenprivilegien wie Sexualität und Freizeitautonomie oft schon in der späten Kindheit gewährt. Die Separierung der Generationen hat also eine neue Qualität bekommen. Die Gleichaltrigengruppe ist kein Experimentierfeld mehr mit Blick auf die biographische Zukunft, kein pädagogisch sinnvolles „psychosoziales Moratorium", in dem Fehlverhalten als Jugendstreich und als Probehandeln weitgehend zu tolerieren ist, sondern sie ist eine auf unbestimmte Dauer gestellte gesellschaftliche Isolation – teils selbst gewählt, teils gesellschaftlich erzwungen. Die in der Gleichaltrigengruppe ablaufende Sozialisation ist nicht arbeits-, sondern freizeitorientiert, enthält keine nennenswerte biographische und gesellschaftliche Zukunftsperspektive und demzufolge kein historisches Bewußtsein, sondern gliedert das Leben in eine Summe immer gleicher Gegenwärtigkeiten. Sie überschreitet die familiären Rollen kaum und bleibt befangen in sozialer und emotionaler Unmittelbarkeit, desinteressiert an den Regeln und Institutionen großgesellschaftlicher Organisationen. Das Durchgangsstadium ist – vielfach jedenfalls – zum Dauerzustand geworden.

Nun sind die Gleichaltrigen keineswegs nur die mehr oder weniger „guten Freunde", die einen Teil ihrer Freizeit miteinander verbringen, im übrigen aber denselben sozio-kulturellen Milieus wie die Eltern angehören und von daher den gleichen kulturellen Standards verpflichtet wären. Vielmehr laufen die Erziehungswirkungen des Elternhauses und die Sozialisationswirkungen der Gleichaltrigen zumindest teilweise auseinander. Über die Gleichaltrigen werden Konsumstandards transportiert, über sie eröffnen sich Zugänge zu wichtigen Freizeittätigkeiten, auch zu problematischen „Subkulturen" wie Drogenszene, Jugendsekten, Neo-Nazismus, Rocker usw. Die Gleichaltrigen selektieren die Freizeittätigkeiten zumindest insoweit, als kaum etwas eine Chance hat, was man nicht mit einer Gruppe Gleichaltriger teilen kann, und umgekehrt werden Freizeitangebote oft in erster Linie deshalb wahrgenommen, weil die Freunde das interessant finden.

Die Begrenzung wie Bestätigung des Verhaltens und Meinens durch die Gleichaltrigen betrifft auch den Bereich der Werte und Normen. Wir können nur darüber spekulieren, wie groß der Einfluß der Gleichaltrigen auf die Herausbildung der normativen Vorstellungen der Heranwachsenden ist, aber schon die vorteilslose Beobachtung vermag uns zu zeigen, daß es sich dabei um eine ernsthafte Konkurrenz zum familiären und schulischen Erziehungsanspruch handelt. Dabei sind Inhalte und Maßstäbe der von den Gleichaltrigen ausgehenden Einflüsse in ihrer Substanz nicht originär, sondern nur Konkretisierungen des über die Massenmedien laufenden Sozialisationsprozesses. Wo wirklich neue Impulse entstehen, wie etwa in der Musikszene oder in der politisch-kulturellen Protestszene, da werden sie in dem Maße vergesellschaftet, wie sich die Massenmedien ihrer annehmen. Erwachsene aber außerhalb der Familie spielen in dieser Szene nur als Verkäufer oder als Funktionäre eine Rolle, im übrigen aber ist die Begegnung der Generationen in der Öffentlichkeit auf pädagogische Institutionen oder berufliche Beziehungen, also auf funktionalisierte Rollen reduziert.

II

**Konsequenzen
Das Kind als kleiner Erwachsener**

Die beschriebenen Veränderungen – die verloren gegangene Macht über die Zukunft der Kinder, die Dominanz der Sozialisation durch Massenmedien und Gleichaltrige auf Kosten persönlich verantworteter Erziehung – stellen für pädagogisches Handeln Rahmenbedingungen dar, die prinzipiell nicht unterlaufen werden können. „Prinzipiell" soll heißen, daß diese kulturellen Tendenzen nicht überall sich in gleicher Weise und mit gleichem Tempo durchsetzen. Noch gibt es erhebliche Unterschiede, je nach dem, ob ein Kind auf dem Lande oder in einer Großstadt aufwächst, ob in nachbarschaftlich verbindlicher und damit auch Kontrolle ausübender Sozialität, oder in anonymen Großstadtwohnungen; ob in noch intakten und wirksamen kulturellen Milieus – zum Beispiel der Kirchen – oder in normativ unstrukturierten Horizonten; ob in der Mittelschicht oder in der Arbeiterschaft. Immer noch wächst eine große Zahl von Kindern und Jugendlichen in relativ traditionellen Erziehungsräumen auf, während andere die neuen Tendenzen voll repräsentieren. Eine derartige Bandbreite ist charakteristisch für kulturelle Umbruchsituationen, aber ich habe keine Zweifel daran, daß sich die modernen Tendenzen insbesondere mit Hilfe der Massenmedien durchsetzen werden. Wegen der noch vorhandenen Bandbreite an Sozialisations- und Erziehungsvariationen ist es auch ganz unmöglich beziehungsweise bedenklich, allgemeine Ratschläge für Erziehung zu geben. Jedenfalls wäre es töricht, die im traditionellen Sinne noch intakten, also auch von den Kindern und Jugendlichen im ganzen akzeptierten Erziehungsverhältnisse im Namen irgendeines „Fortschritts" wegzukritisieren. Vielmehr können die folgenden Überlegungen nur *generelle* strategische

Hinweise sein für pädagogisches Handeln im Rahmen der beschriebenen Tendenzen.

Die geschilderte Entwicklung legt es nahe, Kinder erstens wieder wie kleine, aber ständig größer werdende Erwachsene zu behandeln und ihnen dabei zweitens zu einer optimalen Entwicklung ihrer Fähigkeiten zu verhelfen. Damit würde nur die Konsequenz gezogen aus der Tatsache, daß ohnehin die Kinder ihre Zukunft längst selbst verinnerlichen müssen, daß ihnen aber andererseits durch die Pädagogisierung ihres Lebens die Übernahme der Verantwortung dafür verweigert wird.

Unser Plädoyer geht also dahin, jene alte Maxime der geisteswissenschaftlichen Pädagogik wieder zur Geltung zu bringen, daß es Aufgabe aller Erziehung sei, die Fähigkeiten des Kindes sich entfalten zu lassen und sich allen Einflüssen und Einwirkungen zu widersetzen, die dies behindern. Zugleich aber kommt es darauf an, die mit jener geisteswissenschaftlichen Pädagogik *auch* eingeleitete Pädagogisierung des Kindes außer Kraft zu setzen. Förderung des Kindes *ohne* Pädagogisierung aber ist ein Postulat, das nicht mehr kindspezifisch ist, das wir vielmehr jedem Erwachsenen privat wie im Sinne einer öffentlichen Norm auch zubilligen würden, das also die Differenz zwischen Erwachsenen und Kindern prinzipiell einebnet. Anders ausgedrückt:

Ich plädiere für eine weitgehende Abschaffung von Erziehung im herkömmlichen Sinne und für eine erhebliche Aufwertung dessen, was man früher „Bildung" genannt hat.

Dabei ist jedoch keineswegs in erster Linie an eine Vermehrung schulischer Fächer oder Veranstaltungen zu denken, im Gegenteil: Wie noch zu zeigen sein wird, bleibt Schule zwar unentbehrlich, aber sie wird ihr „Bildungsmonopol" verlieren. Geht es nämlich darum, die Fähigkeiten des Kindes zur Entfaltung zu bringen, dann wird schnell klar, daß die Schule mit ihren spezifischen

Mitteln nur einigen, vermutlich nicht einmal allen wichtigen Fähigkeiten des Kindes Entfaltungsmöglichkeiten anbieten kann. Ganz anders als bisher wären vielmehr *außerschulische* Möglichkeiten zu nutzen. Noch nie in unserer bisherigen Geschichte gab es für so viele Menschen so viele zugängliche Möglichkeiten, in ihrer Freizeit ihre sozialen, musischen, technischen, sprachlichen und sportlichen Fähigkeiten zu entfalten. Die moderne Unterhaltungselektronik wird diese Möglichkeiten noch vergrößern. Daß dies nicht so recht in den Blick kommt, liegt an unserer „pädagogischen Arbeitsteilung", die ihrerseits durch harte Interessen definiert und aufrechterhalten wird. Alles, was irgendwie für pädagogisch wichtig gehalten wurde, wurde gerade in den letzten 20 Jahren der Schule übertragen. Am liebsten hätten viele möglichst jede Schule zur Ganztagsschule gemacht, obwohl doch allein die zum Teil lächerlichen Verrechtlichungen den Schülern den Appetit nehmen müssen. Im selben Maße sind Einrichtungen und Maßnahmen der außerschulischen Bildung, die in den fünfziger und sechziger Jahren schon einmal in großer Blüte standen, zurückgeschraubt, auf eine kleinkarierte Vorstellung von „Freizeitpädagogik" reduziert worden, obwohl hier die Prinzipien der Freiwilligkeit und der didaktisch-methodischen Offenheit und Unreglementiertheit ganz andere Bildungschancen eröffnen könnten.

Ferner müßte eine „Entpädagogisierung des Kindes" neu mit seinen Bedürfnissen und Interessen umgehen. Sie wären nicht zu fixieren und zu kultivieren, als seien es kleine Pflänzchen, die jeder Regenguß hinwegspülen könnte, wie es diejenigen gerne hätten, die sie für ihre Profession ausbeuten möchten. Bedürfnisse und Interessen von Kindern sind nicht Gegenstand pädagogischer Kulte, sondern bedürfen der Herausforderung, der Aufgaben, an denen sie zum Vorschein kommen, sich entwickeln und sozusagen „groß werden" können. Sie sind keine unveränderlichen Charaktermerkmale, sondern Tätigkeits- und Erprobungspotentiale.

Diesem Vorschlag widersprechen natürlich jene vielfältigen Mystifizierungen und Romantisierungen der Kindheit, die wir über Generationen hinweg gelernt haben.

Sie reichen von der „Unschuld" des Kindes, die möglichst lange bewahrt werden müsse, bis hin zu Vorstellungen über sein gewaltiges Potential an Phantasie und Kreativität, das nicht zu früh durch Anpassung an die Realität verbraucht werden dürfe. Die geradezu magische Kraft, die von kindlichen Lebensäußerungen auszugehen scheint, hat jedenfalls noch niemanden, der wie die Nazis Völkermord betrieb, dazu bewogen, wenigstens Kinder zu verschonen. Aber selbst wenn diese Vorstellungen jemals realistisch waren, dann bleibt immer noch schwer beweisbar, daß es sich dabei um anthropologische Konstanten handelt und nicht um kulturell produzierte Tatbestände, so daß ihre Bedeutung unter veränderten kulturellen Bedingungen auch wieder zurückgehen könnte. Die Unfertigkeit des kindlichen Sprechens, Verhaltens oder Sichbewegens mag den Erwachsenen als „niedlich" oder „drollig" erscheinen, aber es drückt damit nur seine jeweiligen Fähigkeiten und sein Können aus, die einer weiteren Ermutigung und Förderung seitens der Erwachsenen bedürfen. Wenn es sich in seinen kindlichen Grenzen wohlfühlt, dann vermutlich nicht, weil es diese nicht schmerzlich merkte, sondern weil es *dennoch* sich angenommen und geborgen fühlt. Vielleicht sind es gerade solche Erinnerungen, die Erwachsene dazu bewegen, die Phase der Kindheit zu romantisieren und dabei das Ärgernis der Kleinheit vergessen zu machen.

Möglicherweise trifft es zu, daß die moderne Sozialisation eine andere „Persönlichkeit" aus den Kindern macht, als viele Eltern sich das vorgestellt haben und als es als Leitbild für ihre eigene Erziehung noch gegolten hat. Wahrscheinlich ist diese Sozialisation oberflächlicher, weniger in die Tiefe gehend, eher „außengeleitet" (Riesman) und insofern an eher äußerlichen Regeln orientiert, so daß man sich fragen kann, ob sich in derartigen Biographien so etwas wie „Mündigkeit" entfalten kann. Aber die Kinder müssen nun einmal mit derartigen Bedingungen leben lernen, sie können sich die kulturellen Rahmenbedingungen ihres Aufwachsens ebensowenig aussuchen, wie die Eltern ihre eigenen früheren Bedingungen ohne weiteres zum Maßstab machen dürfen. Jeder kulturelle Umbruch bringt Verluste – jedenfalls gemessen an den alten Maßstäben – aber er enthält auch neue Chancen. Die neuen Sozialisationsfaktoren transzendieren auch die naturgegebene Borniertheit der Familie, relativieren ihre schicksalhafte Ausschließlichkeit. Die Gleichaltrigen zum Beispiel können unbefriedigende Familienbeziehungen kompensieren und damit im Unterschied zu früher manches Kinderunglück auch mildern, allerdings bietet sich eine solche Kompensation auch als Flucht vor vielleicht für die Persönlichkeitsentwicklung wichtigen Auseinandersetzungen und Konflikten an. Das Fernsehen andererseits, das von vielen wie auch von Postman als Erziehungsfeind betrachtet wird, hat gewiß das Familienleben verändert, zum Beispiel die idyllischen Gemeinsamkeiten des Sprechens und Spielens verringert, stellt aber andererseits *auch* eine kulturelle Bereicherung für die Informiertheit aller Familienmitglieder dar und vermag so die Begrenztheit des familiären Horizontes zu durchbrechen.

Die Frage ist ja, ob die Familienidylle, wie sie sich bei uns als Leitbild über lange Zeit durchgesetzt hat, wirklich für das Aufwachsen der Kinder nötig ist oder in erster Linie Bedürfnisse der Eltern befriedigt.

Die folgenden Skizzen über Familien- und Schulerziehung können selbstverständlich keine in sich geschlossene Erziehungstheorie erwarten lassen. Ich konzentriere mich auf einige wichtige Gesichtspunkte, die sich aus der bisherigen Darstellung ergeben, und verzichte darauf, „Selbstverständlichkeiten" zu wiederholen, die inzwischen Gemeinplätze geworden sind oder sein sollten: Es ist selbstverständlich, daß das Kind Fürsorge und Zuwendung braucht, daß die Familie wichtig für die kognitive, emotionale und soziale Entwicklung des Kindes ist, daß es dort grundlegende kulturelle und moralische Standards lernt usw. Ich wende mich im folgenden an Leser, die in Familien und in und mit Schulen leben und denen man nicht erst erklären muß, was das alles „überhaupt" sei.

1.

Familie als „sozialer Heimathafen"

Was eine „glückliche Familie" ist, läßt sich nur tautologisch ausdrücken: Eine Familie ist „glücklich", wenn sich ihre Mitglieder nicht nur in ihren vier Wänden, sondern überhaupt einigermaßen wohlfühlen. Jeder Versuch, dieses „Wohlfühlen" zu operationalisieren, ist schon problematisch, weil einseitig. Gegenwärtig in Mode ist – ein Erfolg der „Pädagogisierung" – von den „Bedürfnissen" der einzelnen Familienmitglieder zu sprechen und in deren optimaler Befriedigung das Heil zu sehen. Aber Bedürfnisse sind für sich genommen grenzenlos, und schon die Lebenserfahrung lehrt, daß Grenzenlosigkeit kein Wohlgefühl hervorruft. Ein anderer „pädagogischer" Ratschlag geht dahin, auf einfühlsames Verstehen gegründete Konfliktlösungsstrategien zu entwickeln; aber Pubertierende zum Beispiel *wollen* zeitweilig gar nicht verstanden werden, und entsprechende Versuche gehen ihnen auf die Nerven. „Sich wohlfühlen" heißt manchmal auch, sich einsam fühlen zu dürfen. Die Komplexität menschlicher Bedürftigkeit, wie sie in der Familie offenbar wird, wird durch die gängigen Pädagogisierungsbestrebungen verfehlt. Diese Komplexität dürfte dafür sorgen, daß die Familie auch in Zukunft eine fundamentale Sozialität unseres Lebens bleiben wird.

Jede soziale Gemeinschaft braucht so etwas wie eine regulative Idee, ein Ideal ihrer Vollkommenheit, an dem sie sich orientieren und ihre tatsächliche Qualität erweisen kann. Vermutlich könnte man eine Geschichte der Familie als Geschichte ihrer regulativen Ideen schreiben.

„Wohlbefinden" in der Familie ließe sich dann beschreiben als die Erfahrung relativ großer Übereinstimmung mit diesem Ideal. Nun bestehen gegenwärtig verschiedene Familienideale aus verschiedenen historischen Phasen nebeneinander, und wie schon betont wurde, gibt es keinen überzeugenden Maßstab dafür, das eine Ideal höher zu bewerten als andere. Deshalb soll im folgenden nur ein neues Ideal skizziert werden, wie es sich als Folge der beschriebenen Veränderungen zu entwickeln scheint und wie es unserem Postulat gerecht werden kann, die Kinder als kleine Erwachsene zu behandeln. Sofern ein solches Ideal die Familienmitglieder zu binden vermag, wird sich daraus auch ein relativ stabiler Familientypus entwickeln. Er läßt sich etwa durch folgende Aspekte kennzeichnen.

Ein neuer Familientyp

a) Diese „neue" Familie wird weniger introvertiert und dafür „offener" gegenüber ihrer Umwelt sein. Dafür sorgen die in die Wohnstube eindringende Kultur der Massenmedien, das Hinaustreten der Frauen in die Berufstätigkeit und die Gleichaltrigengruppen.

b) Da auf diese Weise die menschliche Bedürftigkeit sich gleichsam sozial verteilen kann, wird die emotionale Introvertiertheit und Isoliertheit sich „versachlichen" in dem Sinne, daß die *soziale* Bedeutung der Familie Vorrang hat vor der emotionalen Intensität der Beziehung der Familienmitglieder untereinander. Dies kann im Bild von der Familie als „sozialem Heimathafen" veranschaulicht werden.

c) In diesem Sinne wird sich die Familie zunehmend als „Tätigkeits- und Interessengemeinschaft" ihrer Mitglieder verstehen, die im Idealfalle dabei einander unterstützen und ermutigen.

d) Daraus ergeben sich zwei Konsequenzen: Einmal wird – etwa vom Schuleintritt an – das Verhältnis der Generationen in der Familie sich so ändern, daß es mit dem traditionellen Begriff „Erziehung" nur noch sehr ungenau zu beschreiben ist. Stattfinden wird vielmehr ein Prozeß der frühen Emanzipation der Kinder von ihren Eltern und umgekehrt der Eltern von ihren Kindern. Zweitens werden die Familienmitglieder in dem Maße, wie sie sich nach außen wenden, auch empfänglich für Zugriffe von außen kommender Interessen politischer, sozialpolitischer und pädagogischer Art und damit auch für Pädagogisierungs-Tendenzen. Damit verliert die Familie ihr früheres „Interpretations-Monopol" auch im Hinblick auf die Erziehung der Kinder, sie gerät an diesem Punkte in Konkurrenz zu anderen „Bezugsgruppen" wie Kollegenkreis, Gleichaltrigengruppe, politische Gesinnungsgemeinschaft usw. Die Familie verliert also auf diese Weise ihre basale Ausschließlichkeit, das heißt Erfahrungen, Selbstbild, Identität ihrer Mitglieder werden von Kindheit an nachhaltig auch außerhalb der Familie geprägt.

Diese Entwicklung hat natürlich ihre Chancen wie ihre Gefahren, und Probleme entstehen vor allem dadurch, daß überlieferte Vorstellungen, wie sie auch gegenwärtig noch als öffentliche Norm vertreten werden, in Konflikt geraten mit den neuen Realitäten. Diese Probleme sollen im folgenden etwas näher erläutert werden – vor allem aus der Perspektive der Kinder.

„Pädagogische Verantwortung"

Die bürgerliche Erziehung in der Familie legitimierte sich vor allem mit dem Begriff der „Verantwortung". Aus Verantwortung vor der Gegenwart des Kindes – daß es zum Beispiel durch Handlungen keinen Schaden nehme, deren Folgen es nicht voraussehen kann – wie vor allem vor seiner Zukunft – daß es etwas tut oder versäumt, was ihm, ohne daß es dies jetzt wissen kann, später schaden werde – fühlten wir uns berechtigt, *an seiner Stelle* Entscheidungen zu treffen, die wir auch durchzusetzen trachteten.

Nun hat sich daran für die frühen Jahre der Kindheit – bis etwa zum Schuleintritt – auch heute wenig geändert. In dieser Zeit müssen die Eltern viele stellvertretende Entscheidungen treffen, und die Erfahrung des Kindes, daß dies geschieht, ist zugleich auch die Erfahrung von Geborgenheit und Fürsorge. Wie lange dies nötig ist, sollte das Kind mitbestimmen – auch in späteren Jahren. Auch das ältere Kind hat bei bestimmten Schwierigkeiten und Konflikten gelegentlich das Bedürfnis, daß durch ein „Machtwort" der Eltern entschieden wird, was selbst zu entscheiden es im Augenblick noch nicht die Kraft hat.

Übrigens ist „Macht" im Rahmen der Erziehung nichts grundsätzlich Böses – wie manche Anti-Pädagogen meinen. Es gibt keine machtfreien Räume, und wo die Eltern ihre Macht zurückziehen, machen sie den Weg für andere Mächte frei – für die Macht der Gleichaltrigen oder der Medien zum Beispiel. Die Eltern *haben* Macht über ihre Kinder, einfach weil und solange sie über die sozialen, emotionalen und ökonomischen Lebensbedingungen der Kinder verfügen können. Dies zu leugnen wäre ebenso töricht wie es abschaffen zu wollen. Macht, die von den nun einmal Mächtigen „versteckt" oder unsichtbar gemacht wird, verdient besonderes Mißtrauen. Die „Überredungskünstler" unter den Eltern, die das Kind mit ihrer eloquenten Überlegenheit zudecken, verbreiten auch Ohnmacht.

Es geht hier darum, daß der Begriff der „pädagogischen Verantwortung" und damit auch der Einsatz von Macht relativ bald modifiziert wird. Etwa vom Schuleintritt an kann sie sich mehr und mehr verlagern von der *Stellvertretung* für das kindliche Handeln auf das *Setzen von Grenzen*. Was das Kind schon selbst kann, soll es auch selbst tun, aber nicht im Sinne des nachsichtigen Gewährenlassens, sondern so, daß die Verantwortung für das eigene Handeln auch wirklich ihm zugespielt wird und daß es dabei lernt, sich vor anderen zu verantworten – zum Beispiel vor den Nachbarn, wenn es ihnen mit seinem Geschrei auf die Nerven geht, oder vor dem Lehrer, wenn es seine Schularbeiten nicht gemacht hat. Hier ist weniger „Stellvertretung" angebracht als vielmehr Hilfe und Ermutigung.

„Verantwortung" heißt nun immer weniger, stellvertretend für das Kind Entscheidungen zu treffen unter Berufung auf seine Zukunft, und immer mehr, sich menschlich verbindlich mit dessen Vorstellungen und Zielen einzulassen, sich damit auseinanderzusetzen, das Interesse an seinem weiteren Leben zu verdeutlichen. Aber nun verliert der Begriff der „Verantwortung" immer mehr seinen ursprünglichen pädagogischen Gehalt und nähert sich einer Fassung, die wir auch im Umgang zum Beispiel mit unserem erwachsenen Partner verwenden. Auch an seinem Leben nehmen wir ja Anteil, beraten mit ihm über Pläne für seine Zukunft, ermutigen und unterstützen ihn bei seinen Problemen. Man kann wohl kaum eine verbindliche menschliche Beziehung aufrechterhalten, ohne dabei wenigstens eine minimale Zukunftsperspektive im Blick zu haben, die zugleich auch das vergangene (gemeinsame) Leben sich zu vergegenwärtigen vermag unter dem Aspekt der positiven oder negativen Veränderung: was ist „besser" geworden, was nicht? Aber dies vermag nicht ohne weiteres die Verantwortung im Sinne des stellvertretenden Entscheidens zu begründen.

Ein in diesem Zusammenhang oft problematisches Kapitel ist das elterliche – vor allem mütterliche – Engagement an den Schulleistungen der Kinder. Gewiß: Früher mußten Schullaufbahnentscheidungen für die Kinder schon sehr früh getroffen werden, wer nach der vierten Klasse den Übergang ins Gymnasium nicht schaffte, konnte dies später nur unter großen Mühen korrigieren. Das hat sich erheblich geändert. Wie nie zuvor können heute verpaßte Schulabschlüsse nachgeholt werden, das Video-Zeitalter wird diese Möglichkeiten noch vergrößern. Zudem beginnt die Schule ihre „Karriere-Funktion" immer mehr zu verlieren. Die Gründe dafür also, im Interesse der Zukunft der Kinder Druck auf die Schulleistungen auszuüben, werden immer unrealistischer. Heute weiß ein Kind mit zehn bis zwölf Jahren – wenn man es nicht pädagogisiert – sehr genau, was es zum Beispiel heißt, das Abitur nicht zu machen; und *weil* es das weiß, kann es dafür auch die Verantwortung selbst übernehmen. Wenn es später zum Beispiel den Abbruch einer Schullaufbahn bereut, weil es *dann* seinen beruflichen Plänen widerspricht, muß es eine solche Entscheidung eben korrigieren.

Statt also widerwillige, gelangweilte und überforderte Kinder durch Schullaufbahnen sich quälen zu lassen, wäre es vernünftiger, ein anders Angebot für die Entwicklung seiner Fähigkeiten zu machen (zum Beispiel eine Lehre). Das ist kein Plädoyer für Gleichgültigkeit gegenüber den kindlichen Anstrengungen. Das Kind darf die Entwicklung seiner Fähigkeiten in der Schule, in der Lehre, eventuell auch in seiner Freizeit nicht als einen Luxus betrachten, der ihm zusteht und auf den es auch verzichten kann, es ist dies auch seiner Familie als eine Art von sozialer Pflicht schuldig – davon wird noch die Rede sein. Deutlich ist aber, daß aus der Tatsache, daß die Eltern keine Macht mehr über die Zukunft ihrer Kinder haben, keineswegs folgt, daß sie für deren Zukunft nichts mehr tun könnten. Das Gegenteil ist richtig: Noch nie konnten so viele Eltern so viel für die Entfaltung der Fähigkeiten ihrer Kinder tun wie heute.

Über die „Verantwortung" der Eltern wird heute in der Öffentlichkeit unentwegt geredet, während die Chancen, solche Verantwortung zu realisieren, angesichts der zunehmenden Vergesellschaftung immer geringer geworden sind. Dieses Gerede treibt Eltern oft in einen hoffnungslosen Konflikt mit den umgebenden Sozialisationsinstanzen. Gegen den Hedonismus des Warenhauses soll Bescheidenheit und Sparsamkeit anerzogen werden, gegen die Bilderflut des Fernsehens in sich gekehrte Beschaulichkeit, gegen die lärmberauschende Geselligkeit in Diskotheken die Liebe zum idyllischen Sonntagsspaziergang. Es ist eine Illusion anzunehmen, daß gegen derart massive gesellschaftliche Wirkungen sich mit „pädagogischer Verantwortung" etwas ausrichten ließe, und wo dies versucht wird, ist meist familiäre Kleinkariertheit die Folge. Keine Erziehung hat in Wahrheit die Möglichkeit, gegen langfristige Sozialisationswirkungen – ich spreche nicht von vorübergehenden Moden! – anzugehen, Erziehung kann vielmehr nur im Rahmen solcher Sozialisationswirkungen Akzente setzen. Die Ideologie der Pädagogisierung lebt davon, den Eltern unrealistische Verantwortlichkeiten einzureden, um bei dem oft unvermeidlichen Versagen dann Rechtfertigung für Interventionen geltend zu machen.

Soziale Zuverlässigkeit statt emotionaler Intensität

Damit Übernahme der Verantwortung – einschließlich der Folgen für die eigene Zukunft – möglich ist, muß natürlich das Zusammenleben in der Familie von Anfang an darauf angelegt sein. Hauptfeind dabei ist die Pädagogisierung, von innen wie von außen. Wo Kinder über Jahre die Erfahrung machen, daß die Familie einzig zu ihrer Belustigung da sei, da kann sich Selbstbewußtsein als Grundlage für Verantwortung kaum entfalten. Nicht die *emotionale* Intensität der Beziehungen innerhalb der Familie beziehungsweise zum Kind ist für seine Entwicklung das wichtigste – die kann ihm bei Übertreibung eher schaden, insofern es ihr ohnmächtig gegenübersteht –, sondern die *soziale Zuverlässigkeit.*

Kinder brauchen eine Familie – oder eine entsprechende Sozialform – als eine Art von „sozialem Heimathafen", als eine soziale Organisation also, zu der sie *unbedingt* gehören, aus der ihnen keine Entfernung oder Entlassung droht, in der sie selbst eine feste Position haben und die Kontinuität verspricht: morgen wird es genau so sein, wie es gestern war. Die Psychologisierung der Familie und ihrer Beziehungsstruktur hat diese fundamentale Tatsache zu Unrecht aus dem Blick gerückt. Bei Scheidungen zum Beispiel leiden die Kinder vor allem auch unter dem Zusammenbruch der bis dahin für zuverlässig gehaltenen sozialen Basis „Familie" – mit ihren Symbolen, Gewohnheiten und Ritualen. Wenn diese Basis nicht in irgendeiner Form wiederhergestellt wird, können die daraus resultierenden Schäden für die weitere Entwicklung des Kindes größer sein, als der zeitweilige oder endgültige Beziehungsverlust zu einem Elternteil.

Hier wird ein weiterer Aspekt von „pädagogischer Verantwortung" deutlich: Die notwendigen sozialen Bedingungen für das Heranwachsen von Kindern zu arrangieren, das können Kinder erst dann selbst leisten, wenn sie ökonomisch unabhängig sind. Daß emotionale Intensität besonders wichtig für die Kinder sei, ist eine Erfindung der Erwachsenen, nicht der Kinder. Die brauchen Vordergründigeres: Zugewandtheit, Angenommensein, Interesse für das, was sie denken und tun. Emotionalität ist nur in dem Maße sinnvoll, wie sie die Voraussetzung ist für solche sinnlich erfahrbaren Handlungen und wie sie sich in diesen ausdrückt. Für darüber hinausgehende emotionale Bedürfnisse müssen sich die Erwachsenen erwachsene Partner suchen. Die Dunstglocke der Psychologisierung, die inzwischen über der Familie liegt, hat den Blick getrübt für ein angemessenes Verständnis von „pädagogischer Verantwortung", nämlich für das, was Eltern wirklich können und was nicht.

Keine noch so gute Erziehung konnte je garantieren, daß die Kinder später glücklich und erfolgreich sind, oder mit Sicherheit verhindern, daß sie unglücklich oder gar kriminell werden. Es gibt schicksalhafte Verkettungen, Ereignisse und Prozesse, über die niemand verfügen kann und für die infolgedessen auch niemand eine Verantwortung übernehmen kann. Geradezu verstiegen sind Versuche, den Begriff der Verantwortung tiefenpsychologisch zu wenden, indem Eltern ihre Persönlichkeit, so wie sie ist, für so ungeeignet halten, daß sie sich am liebsten mit Hilfe einer Therapie eine andere zulegen würden. Kinder merken selbst schon früh, wie unzuverlässig Gefühle sind, daß man auf Gefühle allein sich wenig verlassen kann, wenn sie nicht in einer stabilen sozialen Organisation in ihrer Wechselhaftigkeit und Widersprüchlichkeit aufgehoben und diszipliniert werden. Zu den sozialen Grunderfahrungen in der Familie gehört auch, sich gegenseitig so zu akzeptieren, wie man ist, und von der durch die Pädagogisierung nahegelegten Vorstellung abzurücken, man könne den anderen jederzeit anders haben, wenn man es nur wolle und richtig mache. Natürlich wissen wir, daß vor allem die Kinder sich rasch ändern werden, aber auch sie haben ein Recht darauf, jeweils so angenommen zu werden, wie sie sind.

Tätigkeitsgemeinschaft der Generationen

Aus der primär *sozialen* Funktion der Familie folgt, daß sie in erster Linie als eine „Tätigkeitsgemeinschaft" zu begreifen ist. Da leben Menschen zusammen, die für einander und miteinander sorgen und tätig sind. Bei den Eltern ist das ohnehin klar, aber auch die Kinder sollten so früh wie möglich nach ihren Fähigkeiten und Kräften einbezogen werden und zwar durch *regelmäßig* zu erledigende Aufgaben, nicht durch willkürliche Anweisungen – etwa in den Fällen, wo die Eltern ausnahmsweise keine Lust haben, es selbst zu tun. Was Kinder schon selbst können, sollen sie auch selbst tun (zum Beispiel Küchendienst, einfache Gerichte kochen, sich um ihre Wäsche kümmern, das morgendliche Frühstück selbst bereiten). Durch solche Mittätigkeit schaffen sich die Kinder ihre eigene Position in der Familie sowie eine Basis für Kritik am Verhalten der Eltern – wenn zum Beispiel eine Arbeit, auf die die anderen angewiesen sind, versäumt oder schlampig erledigt wird. Vermutlich entwickeln Kinder, die mit solchen Verantwortlichkeiten aufwachsen, auch eher eine Bereitschaft für schulisches Lernen, als wenn sie in der Familie als „kleine Parasiten" leben dürfen und ihre einzige soziale Mitverantwortung in der Bereitschaft zu schulischem Lernen bestehen soll.

In diesem Zusammenhang muß die moderne Technisierung des Haushalts mitbedacht werden. Automatisch regulierbare Zentralheizung, Elektro- und Gasherde, die morgens nicht mühsam angeheizt werden müssen, Tiefkühltruhe und entsprechende Fertiggerichte, Kaffee- und Teemaschine, Eierkocher, Waschmaschine usw. haben das frühe Aufstehen der Mutter weitgehend entbehrlich gemacht für die morgendliche Versorgung der Schulkinder und des zur Arbeit gehenden Mannes. Vor allem dann, wenn die Mutter berufstätig ist, aber eine andere Arbeitszeit hat (zum Beispiel nachmittags), ist die Erwartung unangebracht, daß sie gleichwohl die anderen Familienmitglieder morgens versorgt – es sei denn, *alle* wünschen sich das regelmäßige gemeinsame Frühstück als Familienritual. Aber auch dann ist gar nicht einzusehen, warum für die Bereitstellung des Frühstücks nicht abwechselnd *alle,* also auch die Kinder, verantwortlich sein sollten.

Die jahrelange Versorgung der Kinder „zum Nulltarif", das heißt, ohne daß sie zu entsprechenden Gegenleistungen zur Not auch gezwungen werden, ist erzieherisch verheerend und vielleicht die wirksamste Methode, Kinder lange unselbständig und unmündig zu halten. Die *Regelmäßigkeit* von Verpflichtungen ist deshalb wichtig, weil sie in die eigene Zeitplanung übernommen werden müssen: man muß es nicht nur tun, sondern auch rechtzeitig daran denken. (Wird zum Beispiel die gefüllte Mülltonne nicht rechtzeitig herausgestellt, hat man eine Woche lang den Ärger mit dem weiterhin anfallenden Müll.) Dank der modernen Haushaltstechnologie gibt es kaum eine Hausarbeit, die nicht auch von Zwölfjährigen verrichtet werden könnte.

Schule ist für die Kinder, was der Beruf für die Eltern ist. Wie unzureichend und kritisierbar Schule auch immer sein mag – das Kind qualifiziert sich dort, um in absehbarer Zeit für sich selbst sorgen und insofern unabhängig von den Eltern sein zu können. Insofern ist ein gewisses Maß an Arbeitsanstrengung für die Schule eine soziale Pflicht gegenüber den Eltern. Und an diesem Punkte sollten wir falsche Pädagogisierungen zurückweisen. Für das, was das Kind zu leisten vermag, muß es auch die Verantwortung übernehmen. So unsinnig es ist, Kinder über das hinaus zu quälen, was sie nun wirklich „bringen" können, so verheerend ist es, ihnen andererseits ständig Entschuldigungen für *vermeidbares* Versagen anzubieten. Sie müssen zum Beispiel lernen, auch mit solchen Lehrern auszukommen, die ihnen persönlich weniger liegen; auch die Eltern können sich ihre Vorgesetzten und Kollegen am Arbeitsplatz nicht aussuchen. Wohlfeiles Paktieren mit dem Kind gegen den Lehrer nützt dem Kind nichts und sollte auf die Fälle eines offenkundigen Fehlverhaltens beschränkt bleiben. Im

allgemeinen geht es um Ermutigung und Unterstützung
des Kindes, wie es sich zu „schwierigen Lehrern" verhalten soll, möglicherweise auch gelegentlich um ein
vermittelndes Gespräch mit Lehrern. Die inzwischen
weitverbreitete Unsitte, bei Schulschwierigkeiten zunächst einmal die Lehrer verantwortlich zu machen, ist
einer der Sumpfböden der Pädagogisierung und nützt
dem Kind im Hinblick auf die Entwicklung seiner Fähigkeiten gar nichts.

Emanzipation der Kinder von den Eltern, der Eltern von den Kindern

In dem Maße, wie die Kinder ihr Leben in Gleichaltrigengruppen verbringen, insoweit der Gesellschaft der Eltern
nicht mehr bedürfen und – etwa von der späten Kindheit
an – die Familie im wörtlichen Sinne vor allem als „Heimathafen" betrachten, den sie als Stützpunkt brauchen,
um von dort aus ihre Unternehmungen zu starten – eben
in diesem Maße erhalten die Eltern die Möglichkeit und
das Recht, ihren eigenen beruflichen und privaten Interessen nachzugehen. Insofern ist die Inanspruchnahme
der Eltern durch ihre Kinder im Vergleich zu früher geringer und zeitlich kürzer geworden, und nichts spricht
dafür, dabei ein schlechtes Gewissen zu bekommen. Die
berufstätige Mutter lebt nicht per se erziehungswidrig,
solange sie für die Sorgen und Probleme der Kinder ein
offenes Ohr behält, und Kinder, die gelernt haben, ihre
Versorgung auch einmal selbst zu übernehmen, können
auch einmal einige Tage ohne die Eltern auskommen. Die
in den neuen Entwicklungen beschlossenen Chancen zur
frühzeitigen Emanzipation der Kinder von den Eltern
und umgekehrt der Eltern von den Kindern schließen
produktive und verbindliche Beziehungen zwischen den
Generationen nicht nur nicht aus, sondern eröffnen auch

neue Chancen, etwa für die Erfahrung, daß es den Kindern auf Dauer nur gutgeht, wenn es auch den Eltern gutgeht, und daß alle ihren Teil dazu beitragen müssen („Verantwortung"!), daß die anderen sich wohlfühlen können.

Daß Kinder sich heute vielfach sehr viel früher von der Familie weg orientieren, als das noch in der Jugend ihrer Eltern der Fall war, wirft für die Eltern manche Probleme auf. Viele suchen Rituale familiärer Gemeinsamkeit – gemeinsames Wochenende, gemeinsamen Urlaub – möglichst lange aufrechtzuhalten, obwohl die Freizeitinteressen unübersehbar längst auseinander gegangen sind. Mütter lassen ihre Kinder ungern los, weil sie fürchten, daß ihnen danach ein wichtiges Stück ihrer Identität fehlen wird. Die Kinder wiederum bekommen leicht ein schlechtes Gewissen, wenn sie die von ihnen hervorgerufene Verunsicherung der Eltern bemerken. Ein verkrampftes Klima beginnt sich breitzumachen...

Darauf gibt es, soweit ich sehe, nur zwei Antworten: Entgegen einer inzwischen wieder in Mode kommenden Familienideologie muß betont werden, daß – etwa vom Schuleintritt der Kinder an – die außer Haus engagierte Mutter es leichter hat, ihre Kinder angemessen zu erziehen, als die nur auf die Familie fixierte Mutter. Diese erliegt zu leicht der Gefahr – zumal Möglichkeiten der Selbstkontrolle weitgehend fehlen –, die Entwicklung der Kinder zur Selbständigkeit dadurch zu behindern, daß sie ihnen Tätigkeiten abnimmt, die sie eigentlich selbst erledigen müßten, um sich so unentbehrlich zu machen. „Engagement außer Haus" muß dabei nicht unbedingt Berufstätigkeit bedeuten, es kann sich auch zum Beispiel um Mitarbeit in politischen, sozialen oder kulturellen Organisationen handeln. Unter der Voraussetzung, daß die Kinder an der Hausarbeit beteiligt werden müssen – ein sehr wichtiger Punkt unserer Argumentation – und angesichts der heutigen Haushaltstechnologie kann die Versorgung der Familie allein kaum noch einen Erwachsenen befriedigen.

Der zweite Gesichtspunkt ist, daß die Eltern ihre *gemeinsamen* (kulturellen, sportlichen, touristischen) Interessen pflegen, selbst wenn sie für einige Jahre der kleinen Kinder wegen sich einschränken müssen. Schließlich bleiben die Eltern übrig, wenn die Kinder die Familiengemeinschaft verlassen. Die Familie ist keine pädagogische Institution wie die Schule, die ausschließlich auf die Kinder zentriert wäre, sie ist auch die Lebensgemeinschaft eines erwachsenen Paares, das gut daran tut, sich nicht nur im ehelichen Schlafzimmer einen gewissen Fundus von Gemeinsamkeiten zu erhalten, an dem die Kinder keinen Anteil haben.

Authentisch miteinander leben

In dem Maße, wie „Zukunft" nicht mehr das entscheidende Leitmotiv für das pädagogische Handeln in der Familie sein kann, wird die *Gegenwärtigkeit* des Zusammenlebens immer bedeutsamer. Hier liegen heute und in Zukunft die pädagogischen Chancen der Familie.

Nun gibt es inzwischen auf dem Markt der Pädagogisierung eine kaum noch zu überblickende Ratgeberliteratur darüber, wie man seine Beziehungen zum Partner einerseits, zu den Kindern andererseits zu gestalten habe, nach welchen Maßstäben dies geschehen soll und welche Maßnahmen beziehungsweise Berater oder Therapeuten ins Auge zu fassen sind, wenn das alles entgegen den Erwartungen der Autoren und der Leser nicht befriedigend funktioniert. Befolgt man diese Manipulationsaufforderungen ernsthaft, dann geht es einem bald wie jenem Tausendfüßler, der unfähig wird, sich zu bewegen, als er anfängt darüber nachzudenken, in welcher Reihenfolge er eigentlich seine Beine benutzt. Schwer fällt oft die Einsicht, daß die Kinder nicht die Klienten der Eltern sind und umgekehrt. Therapeutisches Verhalten ist nur zu ertragen, wenn es auf ganz bestimmte, klar erkennbare Situationen beschränkt bleibt, also „ausgegliedert" wird aus dem „normalen" Zusammenleben, und wenn das Einverständnis des zu Therapierenden vorliegt. Nun ist aber die Familie keine therapeutische Situation beziehungsweise Institution, weil die dort miteinander Lebenden nicht zu diesem Zweck sich dort zusammengefunden haben. Je mehr man gesagt bekommt, wie man miteinander umgeht, welche Fehler man vermeiden solle und mit welchen Methoden man was beim anderen am ehesten erreichen könne, um so mehr droht das Sprechen und Handeln in der Familie doppelbödig zu werden, weil die Absichten verunklart werden. Solch pädagogisiertes Getue mag man einem trainierten Verkäufer abnehmen, weil er schließlich damit sein Brot verdienen muß, aber im familiären Zusammenleben geht das notwendigerweise auf die Nerven.

Andererseits können wir nicht einfach übersehen, daß alle heute lebenden Generationen von der allgemeinen Pädagogisierung infiziert sind, schon Schulkinder benutzen bei ihren Ausreden psychoanalytisches Vokabular. Frühere Generationen von Eltern waren im Vergleich dazu pädagogisch völlig „ungebildet". Das ersparte ihnen zwar die Situation des nachdenkenden Tausendfüßlers, machte ihre Erziehungspraktiken aber auch mehr oder weniger abhängig von unreflektierten Traditionen und von der Zufälligkeit ihres persönlichen Charakters: Wer ein „guter Mensch" war, erzog im allgemeinen auch seine Kinder verständnisvoll. Aber es hat wenig Sinn, in diesen „naiven" Zustand sich zurückzusehnen, wir müssen mit der Pädagogisierung und mit den uns dabei erreichenden mehr oder weniger vernünftigen Informationen über den „richtigen" Umgang mit Kindern leben lernen.

Aber es ist ein wichtiger Unterschied, ob wir diese

Kenntnisse zur *Planung* und *Gestaltung* unseres Umgangs mit Kindern verwenden oder nur zur *Korrektur* von Fehlentwicklungen und Fehlverhalten. Man bemerkt zum Beispiel, daß man ohne Absicht ein Kind sehr gekränkt hat und versucht nun mit Hilfe des pädagogischen Wissens die Ursachen für dieses Mißverständnis aufzudecken und die Situation zu korrigieren. Aber der umgekehrte Weg, sich nämlich so zu verhalten, daß bewußte oder unbewußte Kränkungen vermieden werden, ist weder gangbar noch wünschenswert. Der „Normalfall" ist bzw. sollte sein, daß die Familienmitglieder *authentisch* miteinander zu leben versuchen. Das pädagogische beziehungsweise pädagogisierte Wissen bleibt dabei gleichsam abrufbereit „im Hinterkopf", um dann bei nennenswerten Schwierigkeiten mobilisiert zu werden. Aber auch dabei ist Vorsicht geboten, weil auch dann, wenn ein pädagogisch-psychologisches Wissen lediglich zur Korrektur des gemeinsamen Lebens verwendet wird, die Authentizität des Verhaltens überspielt werden kann.

„Authentizität" ist allerdings kein Naturzustand, der sich bar jeder Kultivierung äußert. Authentisch ist nicht schon, wer herumschreit, weil er gerade wütend ist. Authentizität ist keine Rechtfertigung für schlechtes Benehmen oder Rücksichtslosigkeit. Gemeint ist vielmehr: Sich den anderen gegenüber offen verhalten, zum Ausdruck bringen, was man wirklich meint, damit die anderen die Chance zu einer entsprechenden Reaktion erhalten.

„Authentizität" ist geprägt von der Erfahrung, wie sie zum jeweiligen Zeitpunkt als sprachlich erschlossenes Leben vorliegt. Dazu gehört auch das erworbene pädagogische und sonstige Wissen, aber auch die Summe von Glück, Unglück und Enttäuschung. Jede verbindliche und vertrauensvolle Kommunikation bringt also in diesem Sinne die Gesamtpersönlichkeit zum Ausdruck, im

Unterschied zu der im öffentlichen Leben notwendigen Parzellierung der Rollen. Vater- und Muttersein darf keine partielle Rolle sein, die gleichsam „aus pädagogischen Gründen" wichtige Teile der eigenen Persönlichkeit zurückhält. „Pädagogisch" mag je nach Alter sein, Kindern etwas geduldig zu erklären, sie mit Themen und Anforderungen nicht zu überfordern – also auf ihre „Kleinheit" Rücksicht zu nehmen – und sie nicht einzubeziehen in „Geheimnisse", die die Eltern miteinander haben. Aber davon abgesehen begegnen sich unter dem Anspruch der Authentizität die Familienmitglieder mit ihrer ganzen Persönlichkeit, eben auf dem Standpunkt ihrer jeweiligen Erfahrung. Erfahrung ist aber nur sprachlich mitteilbar, die Fähigkeit des sprachlichen Ausdrucks markiert folgerichtig die Grenze des Erfahrungsaustausches. Daraus folgt die Notwendigkeit, den Kindern zu helfen, ihre sprachlichen Möglichkeiten zu differenzieren und zu präzisieren, um sie auf diese Weise „größer" werden zu lassen. Im allgemeinen haben die Erwachsenen einen Erfahrungsvorsprung – einfach deshalb, weil sie älter sind –, aber das ist sozial bedeutungslos, wenn diese Differenz nicht mitteilbar und verstehbar gemacht wird.

Feind authentischer Beziehungen ist die Psychologisierung, insbesondere dann, wenn sie auch aufs Unbewußte spekuliert. Dann wird die Versuchung groß, Sprechen und Verhalten nicht mehr ernstzunehmen, sondern nur als „Symptom" zu verstehen, hinter dem „das Eigentliche" vermutet werden müsse. Halten sich dann die Betroffenen noch für analytisch kundig, dann sind dem Heruminterpretieren kaum noch Grenzen gesetzt, und niemand weiß mehr, woran er mit dem anderen ist.

Ohne authentisches Verhalten wird auch das Setzen von Grenzen unglaubwürdig. Das Setzen von Grenzen – zum Beispiel im Bereich der Freizeitkontrolle – und die

Verhandlungen über das mit dem zunehmenden Alter der Kinder notwendige „Versetzen der Grenzpfähle" sind eine wichtige Form der Anteilnahme am Leben der Kinder. Gleichgültigkeit in dieser Frage empfindet das Kind oft auch als Gleichgültigkeit gegenüber seiner Person, die dabei gewonnene „Freiheit" erscheint als zu leicht erworben.

Der Blick auf die Gegenwärtigkeit des familiären Zusammenlebens vermag also Pädagogisierungen im Namen der Zukunft der Kinder zurücktreten zu lassen zugunsten einer *unmittelbaren* Einwirkung auf die Kinder, wie sie sich aus dem gemeinsamen Alltag ergeben. In Gesprächen, Diskussionen oder auch Auseinandersetzungen können die Eltern ihre Erfahrungen einbringen, ihre moralischen Grundsätze und politischen Überzeugungen geltend machen, ihre kulturellen Standards vertreten. Indem sie solche Maximen als *die ihren* darstellen, und zumindest gelegentlich dabei auch ihren allgemeinen Begründungszusammenhang offenlegen, vermögen sie – vertrauensvolle Beziehungen und Authentizität, also Glaubwürdigkeit vorausgesetzt – unter Umständen sehr viel stärkere erzieherische Wirkungen zu hinterlassen, als wenn sie sich auf „Machtworte" stützen. „Machtworte" verbrauchen sich ohnehin sehr schnell, und sie sollten nur dann eingesetzt werden, wenn Anlaß und Situation auch in den Augen des Kindes „außergewöhnliches Handeln" plausibel erscheinen lassen.

Das gilt auch im Hinblick auf die Kontrolle der Gleichaltrigen-Beziehungen. Unsere Analyse hat ja ergeben, daß die Gleichaltrigengruppe ein sehr wichtiger Sozialisationsfaktor für Kinder und Jugendliche geworden ist, und es wäre heute – im Unterschied zu früheren Kindheiten – ganz aussichtslos, die Beziehungen zu Gleichaltrigen („das ist kein guter Umgang für dich!") im ganzen kontrollieren oder bestimmen zu wollen. Im Laufe der

Entwicklung des Kindes und Jugendlichen wechseln die gleichaltrigen „Bezugsgruppen" ohnehin mehrmals, weil sich die Interessen und Bedürfnisse ändern. Gewiß kann hier eine entschiedene Intervention zum Beispiel im Falle einer drohenden Gefährdung (zum Beispiel Alkohol; Drogen) nötig sein, wobei offen bleiben muß, ob so etwas erfolgreich ist. Wichtiger ist, Anteil zu nehmen an den Personen und ihren Interessen, auf diese Weise auch die Position des Kindes in der Gruppe zu unterstützen, wobei auch hier Glaubwürdigkeit gewahrt werden muß: Eltern müssen zum Beispiel nicht heucheln, daß sie hochphonige Rockmusik schätzen. Sich anbiedern ist etwas anderes als Respekt vor den Interessen des Kindes zu haben und diese Interessen fördern zu wollen.

Wie die Eltern miteinander umgehen, welches „Klima" sie schaffen, wie sie auf Vorurteile reagieren, wie sie Konflikte zu lösen versuchen, welche kulturellen und sportlichen Interessen sie haben und wie sie die Kinder dafür gewinnen wollen, in welchem Ton worüber gesprochen wird – all dies ist viel bedeutsamer als jede andere Art von planmäßiger Erziehung.

Mutterliebe – Kindesliebe

Diese Überlegungen führen notwendigerweise noch einmal zum Problem der Emotionalität in den Familienbeziehungen.

Ihm müssen wir auch deshalb unsere Aufmerksamkeit widmen, weil die Psychologisierung der Familienbeziehungen – wie wir sahen – das Einfallstor der Pädagogisierung ist, diese aber wiederum Autonomie und Selbstverantwortung unterhöhlt.

Wir wissen heute durch die sozialgeschichtliche Forschung, daß „Mutterliebe" und überhaupt der hohe Gefühlsanspruch an die Eltern-Kind-Beziehung keine

Naturgesetze sind, sondern erst in den letzten zweihundert Jahren sich herausgebildet haben. In der mittelalterlichen Gesellschaft nahmen die Kinder entsprechend ihren Kräften – und oft darüber hinaus! – am Leben der Erwachsenen teil. „Kinderliebe" in unserem heutigen Sinne wäre für die meisten Menschen ein Luxus gewesen, den sie sich angesichts ihres harten Lebens gar nicht hätten leisten können. Ähnliches galt noch bis in unser Jahrhundert hinein für Gegenden, in denen man kärglich von der Landwirtschaft leben mußte, und für Teile der Arbeiterschaft. Und wo Menschen heute am Rande des Existenzminimums leben, ist ebenfalls wenig Spielraum für intensive Gefühle, da steht die Aufgabe des täglichen Überlebens im Vordergrund. Die intensive gefühlsmäßige Zuwendung zu den Kindern setzt also zweierlei voraus: Zeit und einen gewissen Wohlstand, ohne den diese Zeit nicht vorhanden wäre.

In der bürgerlichen, an der Zukunft des Kindes orientierten Erziehung sah das Kind sich nun auch neuen Gefühlserwartungen besonders seitens der Mutter ausgesetzt. Schon im 18. Jahrhundert gab es verbreitet Klagen über die „Affenliebe" von Müttern, die die Kinder „erdrückt" und sie den Anforderungen des Lebens ebenso entfremdet wie ihre Selbständigkeit behindert. Heute gibt es eine Vielzahl psychologischer Bücher, in denen zu lesen steht, wie Kinder regelrecht zu Objekten von Gefühlen der Erwachsenen gemacht werden. Das Kind als „Schmusetier" für Erwachsene, denen der Sinn gerade danach steht; das Kind als „Bündnispartner" für einen Elternteil, der das Kind an sich binden will, weil *er* sich sonst einsam fühlen würde oder weil *er* sich von seinem Partner enttäuscht fühlt. Oder das Kind als Demonstrationsobjekt für eigene Minderwertigkeitskomplexe oder als Substitut für das, was man selbst gern geworden wäre. Nicht zuletzt unglückliche Schulschicksale liegen da als Beweis vor.

Die Frage der Emotionalität ist auch deshalb aktuell geworden, weil immer mehr Familien „Zweitfamilien" sind. Viele geschiedene Väter und Mütter heiraten wieder beziehungsweise leben mit ihren Kindern mit einem neuen Partner zusammen, der nicht der leibliche Vater beziehungsweise die leibliche Mutter der Kinder ist. Nun wird man hier zumindest auf Anhieb nicht erwarten können, daß „mütterliche" oder „väterliche" Gefühle gegenüber Kindern vorhanden sind, die nicht „die eigenen" sind und die schon wichtige Jahre ihres Lebens ohne den Stiefelternteil hinter sich haben. Die emotionale Distanz, die dadurch von vornherein gegeben ist, kann für die weitere Erziehung des Kindes durchaus vorteilhaft sein, weil sie auch unbefangen macht. Es wäre falsch, diese Distanz per se als problematisch zu empfinden, so als müsse sie möglichst schnell aufgehoben werden. Wichtig ist vielmehr für die Kinder zunächst, daß der „soziale Heimathafen" wieder etabliert ist und das Alltagsleben seinen Lauf nehmen kann. Welche Art von Gefühlsbeziehung sich entwickelt, ist offen und nicht planbar. Keine schlechte Faustregel ist, Art und Intensität der emotionalen Beziehungen den Wünschen und Bedürfnissen der Kinder weitgehend selbst zu überlassen: was *sie* an Emotionalität brauchen, werden sie sich auch holen – wenn man sie läßt.

Wenn wir hier den Blick vor allem auf die *soziale* Bedeutung der Familie für das Aufwachsen der Kinder lenken, dann schließt das selbstverständlich die emotionale Dimension ein. Es gibt keine verbindliche Sozialität ohne eine mehr oder weniger intensive emotionale Bindung ihrer Mitglieder. Aber was heißt es, ein Kind zu „lieben" – im Unterschied zu jener Liebe, die wir unserem erwachsenen Partner entgegenbringen? Unseren Partner können wir uns aussuchen, Eltern und Kinder dagegen sind in der Regel, das heißt, wenn es sich um die leiblichen Eltern handelt, einander ohne Option zugeordnet. Gefühle – gar solche fundamentalen wie „Liebe" – kann man nicht planen und herstellen, wir müssen mit denen leben, die wir haben. Welche Art von Emotionalität sich in einer Familie herausbildet, gehört also zu den schicksalhaften Aspekten des menschlichen Lebens. Ist sie unbefriedigend, so können die Gleichaltrigen heute einen Teil der Last kompensieren. Planen und realisieren können wir nur unser *Verhalten* gegenüber Gefühlen, zum Beispiel gegenüber den Gefühlen des Kindes, und nur das kann Gegenstand pädagogischer Reflexion sein.

Wenn Kinder erwachsen werden sollen, dann müssen auch ihre Gefühle die Chance erhalten, erwachsen zu werden, und dazu ist der emotionale Umgang mit Erwachsenen unentbehrlich. Die Frage also, wie man ein Kind lieben soll, kann grundsätzlich nicht beantwortet werden, aber man kann darüber nachdenken, wie man mit den Gefühlen der Kinder „umgehen" soll, wenn diese erwachsen werden sollen. Gefühle werden sehr viel langsamer erwachsen als die menschliche Physis, weil sie sehr viele Erfahrungen brauchen, um sich herausbilden zu können, und vor allem deshalb ist der sozial-emotionale „Heimathafen" Familie für Kinder und Jugendliche immer noch relativ lange unentbehrlich.

Das Kind ist schwächer als der Erwachsene, das gilt auch im Hinblick auf die Gefühle. Diese Schwäche des „kleinen" Kindes gegenüber den „großen" Erwachsenen ist schon rein äußerlich offenkundig. Das Kind bemerkt beides, die Gefühle *und* die körperliche Überlegenheit. Gefühle von Kindern erzwingen zu wollen, ist also immer eine Form von Vergewaltigung.

Weil das Kind schwächer ist, sind seine Gefühle zwar gleichberechtigt, aber es kann trotzdem keine gleichrangige emotionale Partnerschaft zwischen Kindern und Erwachsenen geben. Wer die Gefühle von Kindern – zum Beispiel deren „Liebe" – „braucht", so daß er davon geradezu abhängig ist, erwartet etwas, was er nur von einem Erwachsenen erwarten dürfte. Das Kind muß einen Spielraum haben, um seine Gefühle entfalten und differenzieren zu können, und deshalb darf es nicht gezwungen werden, seine Gefühle zu sehr auf die Eltern oder gar nur auf einen Elternteil zu fixieren. Aber um seiner Gefühle gewiß zu sein und damit in den verschiedenen Situationen umgehen zu können, braucht das Kind einen regen Austausch seiner Gefühle mit den Erwachsenen, denen es vertraut. Mit Kindern Freude und Leid zu teilen, ihnen Trost und Hoffnung zu geben, aber auch ihren Zorn ernstzunehmen, gehört zu den wichtigsten menschlichen Erfahrungen, die ein Erwachsener machen kann. Aber das ist etwas anderes, als von Kindern die Erfüllung *eigener* Gefühlsbedürfnisse zu erwarten, die wir nur von anderen erwachsenen Partnern oder Freunden erwarten können.

Dieses Problem stellt sich insbesondere ein nach einer Trennung oder Scheidung, wenn ein Partner die Kinder behält und nun eine besonders enge Symbiose mit ihnen anstrebt, weil er an der Trennung vom ehemaligen Partner leidet oder weil er den Kindern gegenüber ein „schlechtes Gewissen" hat. In solchen Fällen ist es oft außerordentlich schwierig, aus der Perspektive der Kinder zu denken beziehungsweise zu fühlen, zumal die Kinder oft ebenfalls aus Angst vor weiterem Verlust sich stärker an den ihnen verbliebenen Elternteil anlehnen wollen. Abgesehen davon, daß ein „schlechtes Gewissen" noch nie ein gutes Erziehungsfundament war – was haben die Kinder schon davon! –, vermag in solchen Fällen der Blick auf die *soziale* Funktion der Familie zu helfen. Zwar kann sich niemand den erstbesten Partner wählen, nur damit die Familie wieder „vollständig" ist, aber die noch vorhandenen Beziehungen zu Verwandten und Bekannten können fortgeführt werden, damit Alternativen für die zu enge Symbiose erfahrbar werden können.

Die moderne Zeit hat die Mutter dazu verpflichtet, ihre Kinder zu „lieben". Ohne diese Liebe, so heißt es, werden die Kinder nicht nur unglücklich, sondern vielleicht sogar kriminell – aus Rache für die entbehrte Liebe. Und so sind die Mütter mit ihrem Gefühl einer ungeheuren Verantwortung unterworfen; denn wie kann eine Mutter wissen, ob sie ihr Kind wirklich liebt, und wie kann sie wissen, ob das Kind auch das Gefühl hat, geliebt zu werden, ob also ihre Liebe auch noch „ankommt"? Und zuviel Liebe soll es auch wieder nicht sein, weil das Kind dann auch Schaden nehmen kann. Aber was ist hier zuwenig oder zuviel, und was ist genug? Seitdem die Psychoanalyse in Mode gekommen ist, ist die Mutter auch noch für das Unbewußte des Kindes verantwortlich, aber das kann man nicht einmal bei sich selbst in den Griff kriegen.

Offensichtlich haben es vor allem die Mütter schwer, sich angesichts der pausenlos auf sie einstürmenden psychologischen Weisheiten, Hinweise und Ratschläge zu behaupten. Sie geraten in die Gefahr, statt spontan, herzlich und unbekümmert zu sein, ihre Zuwendung regelrecht zu „dosieren" oder jedenfalls planmäßig zu gestalten und so erst eine Gefühlsverwirrung bei sich und ihrem Kind auszulösen, die ohne eine solche „Schere im Kopf" gar nicht entstanden wäre.

Gefühle sollten authentisch, also ehrlich sein. Eine Mutter, die ein spontan-herzliches Wesen hat, sollte auch so mit ihrem Kind umgehen; eine andere Mutter, die mit ihren Gefühlen eher zurückhaltend ist, sollte Herzlichkeit nicht vortäuschen. Auch der zurückhaltende Mensch ist auf seine Weise zärtlich. Verwirrung entsteht beim Kind nicht dadurch, daß die Mutter es nicht auf die „richtige" Weise liebt, sondern dadurch, daß sie eine andere Art von Zuwendung vortäuscht, als sie auf Grund ihrer Persönlichkeit zu geben vermag. Kinder müssen lernen, mit der Persönlichkeit ihrer Eltern und mit ihrem

Charakter zu leben, und es nützt den Kindern nichts, wenn Eltern sich eine andere Persönlichkeit wünschen oder sich gar beim Therapeuten beschaffen wollen.

Auf Grund unserer Voraussetzung, daß die *soziale* Funktion der Familie vorrangig zu sehen ist, daß demzufolge die Beziehungen und ihre Emotionalität nur insoweit Gegenstand des bewußten pädagogischen Handelns und Verhaltens sein können und daß es Ziel dieses Handelns und Verhaltens ist, Kinder möglichst früh erwachsen sein zu lassen, läßt sich für den Umgang mit den Emotionen des Kindes folgendes sagen:

Zunächst muß angesichts der „Kind-Modelle", die die modernen Wissenschaften uns vorgelegt haben, an die banale, aber leicht übersehene Tatsache erinnert werden, daß das Kind von Anfang an einen eigenen Lebenswillen hat. Der ist zwar auf Förderung angewiesen, bedarf der Impulse, um sich entfalten zu können, also eines anregenden seelisch-geistigen Milieus. Aber dieser Lebenswille ist niemals nur Produkt von etwas, weder von Anlage und Umwelt, noch des elterlichen Erziehungswillens, noch der mütterlichen Liebe. Vielmehr ist es immer auch schon das, was die eigene Persönlichkeit des Kindes jeweils aus all diesen äußeren Einflüssen und Bedingungen aktiv selbst gemacht hat. Daraus ist zunächst zu folgern, daß im Prinzip seine Persönlichkeitsrechte die gleichen sind, wie sie auch Erwachsenen zustehen, so daß es keine schlechte Faustregel ist, Kinder so zu behandeln, wie man als Erwachsener gerne selbst auch sinngemäß behandelt werden möchte. Das gilt gerade auch für den Umgang mit Gefühlen.

Weiter wird aber auch deutlich, daß das Kind wie der Erwachsene einen Persönlichkeitskern hat, der unplanbar und auch unzugänglich bleibt. Inwieweit Erziehung und nicht die Aktivität des Kindes an der Herausbildung dieser Persönlichkeitsstruktur wirklichen Anteil hat, ist eine unentscheidbare Frage. Aber sinnvoll ist, Erziehung nicht als den Vorgang der Produktion, des „Machens" der kindlichen Persönlichkeit zu verstehen, sondern eher als das Bereitstellen von Bedingungen und Herausforderungen, die dem Kind die Herausarbeitung seiner Persönlichkeit ermöglichen. Nur hierauf kann sich also „pädagogische Verantwortung" beziehen, nicht darauf, was das Kind daraus macht.

Es ist ja ohnehin die Frage, wie erfolgreich *geplante* Erziehungsmaßnahmen im einzelnen wirklich sind. Aus der Tatsache, daß Kinder in der sozialen Basisorganisation „Familie" aufwachsen müssen, folgt ja noch keineswegs, daß sie deshalb auch das Produkt des Erziehungswillens ihrer Eltern werden. Vermutlich ist der Anteil der planmäßigen Erziehung an der Qualität unserer Persönlichkeit weitaus geringer, als allgemein angenommen wird.

Was also braucht das Kind im Hinblick auf die Entwicklung seiner Emotionalität?

Es braucht die *Zeit* der Erwachsenen, je jünger es ist, um so mehr. „Zeit haben" bedeutet, mit dem Kind zusammen *tätig* zu sein, mit ihm zu spielen oder zu sprechen, und dies in einer Atmosphäre von Nähe, Freundlichkeit, Geborgenheit und vor allem auch Fröhlichkeit. Wenn die Kinder älter sind und sich mehr ihren gleichaltrigen Freunden zuwenden, nimmt der notwendige Anspruch an die Zeit der Erwachsenen folgerichtig ab.

Ferner braucht das Kind *Vertrauen.* Vertrauen baut sich in längeren Zeiträumen auf, ist keine Sache des Augenblicks und immer wieder Belastungen unterworfen. Vertrauen heißt hier: auch wenn ich Fehler mache, behalte ich meinen Platz in meiner sozialen Organisation Familie, werde ich weiterhin geliebt und angenommen. Das bedeutet, daß die Eltern sich auch in Konfliktsituationen so verhalten, daß dieses Vertrauen beim Kind erhalten bleiben kann; denn es bedarf der ständigen Bewährung im Alltag, gerade auch in dessen Konflikten. Die Wiederherstellung des Vertrauens nach Auseinandersetzungen, die „Versöhnung", stellt sich nicht unbedingt von selbst ein, sondern bedarf ebenfalls der *gemeinsamen Tätigkeit*. Auch die Erwachsenen müssen dazu ihren Beitrag leisten, indem sie zum Beispiel durch Gesten (Umarmung; Schulterklopfen) signalisieren, daß nun „alles wieder in Ordnung ist". Jede Auseinandersetzung sollte also gleichsam mit einem Hinweis darauf enden, daß nun das gemeinsame Leben im Vertrauen aufeinander weitergeht.

Respekt vor den Gefühlen des Kindes

Schließlich braucht das Kind *Respekt vor seinen Gefühlen*. Braucht es Vertrauen, damit es andere Gefühle überhaupt positiv entfalten kann, so muß es andererseits sicher sein, daß seine Gefühle auch geachtet werden. Unverständnis, Mißverständnisse, Unaufmerksamkeit oder auch Zorn vermögen hier Kindern viele Kränkungen zuzufügen. Auch in diesem Punkte, dem Respekt vor den Gefühlen des anderen, sind Kinder nicht anders zu behandeln als Erwachsene. Hier kann es keinen pädagogisch begründeten Vorsprung geben, denn die Gefühle des Kindes sind nicht „besser" oder „schlechter" als die des Erwachsenen, sie sind nur teilweise anders.

Das Sündenregister an diesem Punkte ist lang. Ernsthafte Äußerungen des Kindes werden mit Lachen beantwortet, weil es doch so „niedlich" oder „drollig" ist. Ängste des Kindes werden nicht ernst genommen, bloß weil *die Erwachsenen* wissen, daß es objektiv für diese Angst keinen Grund gibt. Von der emotionalen Ausbeutung des Kindes als „Schmusetier" war schon die Rede. Wenn die Kinder älter werden, gibt es vielleicht süffisante Bemerkungen über die Freundin des Jungen oder den

Freund des Mädchens. Erwachsene würden sich derartige Bemerkungen über ihre Partner nicht gefallen lassen.

Respekt vor den Gefühlen des Kindes bedeutet einmal, daß es sie äußern darf – nicht nur Liebe, Angst, Hoffnung, Trauer, sondern auch Zorn. Wenn es authentisch ist, sollen die Eltern diese Gefühle teilen, also an ihnen teilnehmen; wenn man die Gefühle des Kindes nicht teilt, also über etwas nicht traurig ist, was das Kind betrüblich findet, oder etwas nicht lustig findet, worüber das Kind lacht, sollte man ein entsprechendes Gefühl auch nicht vortäuschen, sondern sein eigenes Gefühl zu erklären versuchen. Teilnahme *und* Andersfühlen sind für das Kind gleichermaßen wichtig. Teilnahme bedeutet eine gemeinsame „Gestimmtheit", anders zu empfinden öffnet dem Kind neue Perspektiven für seine Gefühle.

Respekt vor den Gefühlen des Kindes heißt zweitens, daß man sie ernst nimmt und über sie zu sprechen bereit ist. Kinder sollten ermutigt werden, ihre Gefühle zu formulieren. Das ist für sie insofern ein Problem, als sie oft selbst nicht den Hintergrund ihrer Gefühle kennen. Das Kind hat zum Beispiel Angst vor einem Lehrer, meckert aber zu Hause über das Essen, das es sonst gerne mag. Der Erwachsene hat dann das Problem, daß er das Meckern völlig unsinnig findet, aber nicht weiß, was dahintersteckt. Anstatt nun mit psychologischenTricks zu operieren, sollte das Kind ermuntert werden, sein wirkliches Problem zu formulieren; denn dies kennzeichnet das Erwachsenwerden von Gefühlen, daß man sie in Sprache fassen und den Menschen seines Vertrauens mitteilen kann, und nur über *solche* Gefühle kann in der Familie kommuniziert werden. Der Griff nach dem Unbewußten, also nach dem, was normalerweise eben nicht sprachlich erschlossen werden kann, gehört nicht in die Familie, sondern – wenn es zum Beispiel wegen schwerer Störungen unvermeidlich sein sollte – in eine therapeutische Situation.

Respekt vor den Gefühlen des Kindes heißt weiter, daß ihm überlassen wird, ob und wann es seine Gefühle äußert. So wichtig es ist, daß es seine Gefühle äußern *darf* und auch *sollte,* so wenig darf dies erzwungen werden. Gefühle gehören auch bei Kindern zum inneren Kern der Persönlichkeit, auf den niemand einen Anspruch hat, auch nicht die Eltern. Die Unart, Kinder insistierend auszufragen, ist weit verbreitet. Kinder müssen auch die Möglichkeit haben, ihre Empfindungen zu „sortieren" und sich über sie klarzuwerden, niemand kann jederzeit und auf Anhieb über etwas reden, was ihm wichtig ist. Zwingt man ein Kind dazu, dann erzieht man es nur zum oberflächlichen Schwätzer.

Respekt vor den Gefühlen heißt viertens, daß es dem Kind überlassen bleibt, wann es sie *wem* und mit welcher Intensität zuwenden will. Die Familie ist zwar eine soziale Tätigkeitsgemeinschaft, aber daraus folgt nicht, daß Gefühle kollektiv zu verteilen sind, in gleichem Maße auf alle Mitglieder. Eltern sind leicht gekränkt, wenn die Kinder sich ihnen scheinbar entziehen oder wenn sie sich dem einen Partner für eine Weile oder auch auf Dauer mehr zuwenden als dem anderen. Schon in der späten Kindheit ziehen Kinder ihre Gefühle ohnehin weitgehend von der Herkunftsfamilie ab und konzentrieren sie auf neue Partner aus den Gleichaltrigengruppen.

Diese Einsicht ist für viele Eltern sicherlich die schwierigste, nämlich daß der junge Mensch die Familie verlassen wird, aber daß die Gefühle zu einem wichtigen Teil längst vorher abgezogen werden. Aber das Aufziehen der Kinder, so viel Freude es machen kann, hat seinen Sinn und Zweck nicht darin, Bedürfnisse der Erwachsenen zu befriedigen, sondern darin, den Kindern ein selbständiges Leben zu ermöglichen. Dies darf nicht mißverstanden werden: Das Zusammenleben mit Kindern hat seine *eigene,* auch emotionale Befriedigung, die wiederum nicht ersetzbar ist durch jene Emotionalität, wie sie das Glück eines erwachsenen Paares kennzeichnet. Wer als Erwachsener nicht eine Zeit seines Lebens in einer verbindlichen Sozialität mit Kindern verbringt, ihr Aufwachsen nicht miterlebt, dem entgehen Erfahrungen, die nicht durch irgend etwas anderes ersetzbar sind. Insofern „haben" Eltern auch etwas von ihren Kindern, sie ziehen sie nicht „zum Nulltarif" auf. Aber das ist etwas anderes, als Kinder zum emotionalen Ersatz für eine Partnerbeziehung zu machen.

Interessengemeinschaft Familie

Ohne Zweifel hat sich die gegenwärtige Familie in ihrer Binnenstruktur erheblich verändert im Vergleich etwa zu jenem klassischen Typ der „bürgerlichen Familie" des 19. Jahrhunderts. Damals war der Vater „Familienoberhaupt", das für die materielle Sicherstellung der Familie zu sorgen und deshalb auch „das Sagen" hatte. Die Mutter „führte das Haus" und die Kinder bereiteten sich – je nach der Perspektive der männlichen beziehungsweise weiblichen Rolle – unter der mehr oder weniger strengen Aufsicht der Eltern auf ihre Zukunft vor. Aus dieser Tradition stammen noch viele Selbstverständlichkeiten auch des heutigen Familienverhaltens: Daß die Zukunft der Kinder mit dem Erwirtschafteten beziehungsweise Gesparten abgesichert werden müsse; daß nur möglichst gute und lange Schulleistungen eine gesicherte Zukunft garantieren könnten; vor allem aber, daß diese Aufgabe der Zukunftssicherung durch Schullernen der entscheidende Familienbeitrag der Kinder zu sein habe. Was so aus den Kindern wurde oder nicht wurde, war den Eltern Grund genug, auf ihr eigenes Lebenswerk stolz zu sein oder es als mehr oder weniger gescheitert zu betrachten.

Der Vergleich zur Normalfamilie der Gegenwart liegt auf der Hand. Der Vater vermag nur noch in wenigen Fällen die Zukunft der Kinder wirtschaftlich zu sichern, die emanzipierte Mutter dringt aus dem Haus in eine Berufstätigkeit, viele Kinder verlassen den „Heimathafen Familie", sobald sie ihn glauben entbehren zu können, um sich allein oder gemeinsam mit Gleichaltrigen eine eigene Wohnung zu suchen.

Die Rollenangleichung nach außen – *beide* Eltern sorgen außerhalb der Familie für deren wirtschaftliche Sicherung – hat auch eine Rollenangleichung nach innen zur Folge: Beide müssen nun auch folgerichtig „das Nest hüten und wärmen" und die Kinder erziehen. Die traditionelle „Arbeitsteilung" in der Erziehung – der im Berufsleben engagierte Vater vertritt das „Realitätsprinzip", die Mutter das Prinzip der emotionalen Geborgenheit – verliert ihre Basis. Wenn die Mutter in den „Realitäten" außerhalb des Hauses verwickelt ist, vertritt sie innerhalb des Hauses notwendigerweise auch das Realitätsprinzip; daraus muß nicht folgen, daß „Männlichkeit" und „Weiblichkeit" für das Kind konfus werden oder daß gar die Väter zu „Mappis" werden (Jörg Bopp in „Kursbuch" Nr. 76), die die Mütter um ihre Brüste beneiden, an denen das Baby genüßlich säugt. Aber es könnte die positive Folge haben, daß die aufgeheizte Emotionalität in vielen Familien sich abkühlt, insofern sachorientierte Interessen und Beziehungen wichtiger werden.

Man kann diese Veränderung so verstehen, daß die Familie zu einer „Interessengemeinschaft" ihrer Mitglieder geworden ist. Das ist im Grunde nur ein anderer Aspekt der schon erwähnten Emanzipation der Kinder von den Eltern und der Eltern von den Kindern. Bleibt die „Interessengemeinschaft" eingebunden in die früher erwähnte „Tätigkeitsgemeinschaft", ist gegen diese Tendenz wenig einzuwenden, aber sie wird vielfach vom „schlechten Gewissen" der Eltern begleitet, wenn sie wie die Kinder ihren eigenen Interessen nachgehen wollen. In ihren Köpfen steckt noch ein „Leitbild" von Familie, demzufolge es Aufgabe der Eltern sei, auf eigene Interessen und Bedürfnisse zu verzichten und statt dessen „für die Kinder zu leben". Damit aber droht die Gefahr, die Kinder abhängiger und unselbständiger zu halten, als sie es eigentlich, das heißt gemessen an ihrem Entwicklungsstand, sein müßten. Aber die Familie als eine Gemeinschaft zu verstehen, in der jeder – also auch die Eltern – seinen Interessen nachgehen darf, muß ja keineswegs gegenseitiges Desinteresse oder gar Lieblosigkeit zur Folge haben. Im Gegenteil bieten die Interessen ja auch einen ständigen Anknüpfungspunkt für Anteilnahme und Zuwendung. Den Interessen der Kinder und den damit verbundenen Erfahrungen und Erlebnissen ein offenes Ohr zu schenken, ist sinnvoller, als ihnen Interessen aufzuzwingen, bloß weil die Eltern diese für „pädagogisch wertvoller" halten.

Auch führt die Neigung vieler Eltern, ihr Leben *zu lange* um die Kinder herum zu organisieren, nicht selten deshalb zu Frustrationen, weil man irgendwann glaubt, das Leben sei an einem vorbeigegangen, was leicht zu einer Belastung der Partnerbeziehung führt, die wiederum nicht im Interesse der Kinder liegen kann. Pädagogisch problematisch ist die Familie als Interessengemeinschaft nur, wenn die einen (zum Beispiel die Kinder) ihre Interessen auf Kosten der anderen (zum Beispiel der Eltern) realisieren. Ernst nehmen der Interessen heißt auch, die Bedingungen dafür dem eigenen Vermögen anzupassen. Wer zum Beispiel nicht Autofahren kann oder keinen Wagen zur Verfügung hat, ist auf öffentliche Verkehrsmittel angewiesen. Das gilt für Erwachsene wie für Kinder. Von Ausnahmen abgesehen – zum Beispiel aus Sicherheitsgründen – ist es also unangebracht, die Kinder von der einen Freizeitbetätigung zur nächsten zu chauffieren. Erspart man Kindern die Planung und Organisation der

Bedingungen für ihre Interessen, dann bekommen sie eine unrealistische Einstellung dazu. Je nach Verkehrslage dauert zum Beispiel eine Reitstunde nicht nur die eine Zeitstunde, sondern vielleicht einen halben Nachmittag. Dann muß das Kind abwägen, ob ihm sein Hobby diesen Zeitaufwand wert ist. Paradoxerweise entsteht „Zeitdruck" für das Kind weniger in solchen Fällen, als vielmehr dann, wenn sein Zeitgefühl dadurch gestört wird, daß das jeweilige Hobby als isolierter Zeitpunkt erlebt wird, an den sich noch möglichst viele andere Tätigkeiten anschließen sollen. Abgesehen davon gehört die frühzeitige und souveräne Benutzung öffentlicher Verkehrsmittel zu den wichtigen Erfahrungen von Selbständigkeit. Ausnahmen von der Regel sind eine Gefälligkeit, auf die kein Anspruch besteht.

Wo es unterschiedliche Interessen gibt, gibt es auch Konflikte, zum Beispiel über die Verwendung der zur Verfügung stehenden Mittel. Darüber zu verhandeln und möglichst Kompromisse zu finden, ist im allgemeinen sicher der richtige Weg. Aber im Prinzip sollte kein Zweifel insbesondere auch bei den Kindern darüber herrschen, daß in wichtigen Fragen die Bedürfnisse der Eltern Vorrang haben. Die Zeiten sind vorbei, wo es für die *Zukunft* der Kinder wichtig war, sich selbst möglichst wenig zu gönnen. Die „Interessengemeinschaft Familie" von heute ist gegenwartsorientiert, vor allem im Freizeit- und Konsumbereich. Und da gibt es für die Eltern keinen moralischen oder sonstigen Grund mehr, im Interesse ihrer Kinder besondere Verzichte zu leisten, und umgekehrt gibt es für die Kinder keinen Grund, dies zu erwarten. Die Ausnahme ist auch hier eine Haltung, auf die kein Anspruch besteht.

In der Vorrangstellung der Eltern kommt nur ihre Führungsrolle überhaupt zum Ausdruck. Nur sie können letzten Endes die nötigen Bedingungen für ein befriedigendes Zusammenleben in der Familie schaffen: die materiellen Grundlagen, das emotionale Klima, das kulturelle Niveau und die Moralität des Handelns. Daran müssen die Kinder gewöhnt und beteiligt werden. Insofern haben „demokratische" Spielregeln in der Familie ihre deutliche Grenze.

2.

Die entpädagogisierte Schule

Die Schule in ihrer gegenwärtigen Gestalt verdankt ihre Existenz jenen Voraussetzungen der bürgerlichen Erziehung, die nun ihrem historischen Ende entgegengehen. Dies ist vermutlich der wesentliche Grund dafür, daß sie in einer tiefen Krise ihres Selbstverständnisses steckt, die die Reformmaßnahmen der siebziger Jahre eher verstärkt als gemildert haben. Die Klagen über undiszipliniertes, ja kollektiv-infantiles Verhalten auch älterer Schüler, über fehlende Konzentrationsfähigkeit und motorische Unruhe, über Lärm, Unlust und Langeweile sind zu häufig und auch zu sehr übereinstimmend, als daß sie als Gejammer eines Berufsstandes abgetan werden könnten. Dies schlägt auf die Berufszufriedenheit vieler Lehrer zurück in Gestalt von oft krank machenden Zweifeln an der eigenen Qualifikation wie am Sinn der eigenen Profession.

Je weniger öffentliche Übereinstimmung darüber herrscht, wozu Schule eigentlich da ist und wozu nicht, desto mehr werden ihr Aufgaben aufgebürdet oder von ihr an sich gerissen, die mit ihrem ursprünglichen Zweck nichts mehr zu tun haben, bloß weil sie an der eigentlich zuständigen Stelle, zum Beispiel im Elternhaus, nicht erledigt werden.

Zudem erstickt die Schule in Erwartungen, die von außen an sie herangetragen werden in der Annahme, die staatliche Weisung könne hier irgendwelchen Übeln abhelfen. Wenn die Zahl der Verkehrstoten steigt oder die Wehrgesinnung sinkt oder die Friedensdiskussion in der

Öffentlichkeit zu „einseitig" erfolgt, wird nach Erlassen gerufen, die die Schulmeister anhalten sollen, das Nötige unverzüglich beizubringen.

Die ursprüngliche Bildungsfunktion der Schule wird auch durch Verrechtlichung überdeckt. Besonders deutlich wird dies am Notenverrechnungssystem im Zusammenhang mit dem Numerus clausus. Hier wird sozusagen aus Äpfeln, Birnen, Pflaumen usw. ein Obstdurchschnitt errechnet. Wenn aber die einzelnen Schulfächer dazu dienen sollen, die Fähigkeiten wie auch die Leistungs*grenzen* der Schüler erfahrbar zu machen, dann verlieren solche Verrechnungen ihren Sinn. Das gilt aber auch dann, wenn die Fächer weitgehend wählbar werden wie in der gymnasialen Oberstufe, weil dann die tatsächlich oder vermeintlich „schwachen" Fächer auch dann abgewählt werden können, wenn eine prüfende Auseinandersetzung mit ihnen gar nicht erst stattgefunden hat.

Die Bildungsfunktion der Schule ist ferner weitgehend überlagert worden durch eine Bewahrungsfunktion (custodiale Funktion): Kinder werden vormittags und teilweise auch nachmittags den Familien und der Öffentlichkeit entzogen, so daß die Erwachsenen ihren beruflichen und sonstigen Pflichten nachkommen können. In dieser Funktion ist die Schule natürlich vorwiegend an der *Gegenwart* der Kinder interessiert, weniger an deren *Zukunft,* und so suchen moderne didaktisch-methodische Arrangements vergessen zu machen, daß hier „Schule" stattfindet, indem sie den Kindern den Aufenthalt möglichst attraktiv zu machen trachten, unentwegt nach deren „Bedürfnissen" forschen und dabei am liebsten die gängige Fernsehunterhaltung kopieren würden. Nun ist aber gerade die custodiale Funktion eine überflüssige Pädagogisierung, insofern ja „verwahrt" werden muß, wer als unfähig gilt, die Verantwortung für sich selbst zu übernehmen. Vielleicht liegt es auch daran, daß viele Kinder die Schule als langweilig und lästig erleben und keinen Sinn darin sehen, warum sie sich dort so lange Zeit aufhalten sollen.

Unsere These ist, daß die Kinder nicht sind, als was sie uns heute in den Schulen erscheinen, sondern daß sie durch das pädagogisierte Getue in Familien und Schulen dazu *gemacht* werden, daß ihnen erwachsenes Verhalten nicht abverlangt, sondern verwehrt wird. Wozu also ist Schule noch da, wenn Gegenwart und nicht Zukunft die dominante Zeitperspektive ist und wenn die Kinder ihre Zukunft verinnerlichen müssen? Dazu abschließend einige Thesen.

Wozu ist Schule nötig?

Zunächst muß die Schule sich wieder besinnen auf ihre eigentümliche Aufgabe im gegenwärtigen Sozialisationsprozeß, also auf das, was *nur sie* dabei leisten kann und was weder die Familie noch die Massenkommunikation noch die Gleichaltrigen anzubieten vermögen. Alle übrigen Erziehungs- beziehungsweise Sozialisationsfelder entwickeln wichtige Fähigkeiten des Kindes, aber nur in der Schule können sich systematische, „sinnvolle" Vorstellungen über die wesentlichen Dimensionen der gesellschaftlichen und kulturellen Existenz – über Politik, Wirtschaft, Kultur, Natur – aufbauen. Die Aufgabe der Schule wäre also, durch „wechselseitige Erschließung" (Klafki) Kind und Welt in einen produktiven Austausch zu verwickeln, gerade in der massenmedialen Über- und deshalb auch Desinformiertheit kategoriale Schneisen anzubieten, um die herum sich angemessene Weltvorstellungen aufbauen lassen. Das kann nur die Schule leisten, und zwar durch das ihr eigentümliche Verfahren des systematischen, planmäßigen *Unterrichts*. Nur ein solcher Unterricht legitimiert eine Institution wie die Schule, die Menschen für eine bestimmte Zeit aus ihren sonstigen Lebenszusammenhängen herauszulösen (was für die Universität sinngemäß auch gilt). Insofern ist die immer wieder erhobene Forderung nach einer besseren Verbindung der Schule mit dem Leben problematisch, soweit sie mehr meint als eine didaktische Strategie. Zum Wesen des Unterrichts gehört, daß Menschen sich zu diesem Zweck in eine bestimmte Sozialsituation begeben, die so im sonstigen gesellschaftlichen Leben nicht anzutreffen ist.

Die Massenmedien, insbesondere das Fernsehen ermöglichen heute schon Kindern eine im Vergleich zu früheren Zeiten unvorstellbare Informiertheit. Aber sie liefern die „Fibel" nicht mit, mit deren Hilfe diese Informationen und Bewertungen zu einem kategorial erschlossenen Weltverständnis führen können. Ohne eine solche Ausbildung der Vorstellungskraft sind die Informationen und Deutungsstrukturen der Massenmedien nicht sinnlos, aber sie verbleiben auf der vordergründigen Ebene undurchschauter Sozialisation in Form von Anpassung an wechselnde Moden und herrschende Meinungen. Auch Schule wäre nur Teil eines solchen Sozialisationsprozesses, wenn sie nicht aufklärenden Unterricht zu ihrer eigentümlichen Aufgabe erklärte. Damit ist über das erforderliche didaktisch-methodische Arrangement noch gar nichts entschieden. Der lehrerzentrierte Unterricht kann dazu ebenso gehören wie eine Theateraufführung oder die Reparatur von Motorrädern.

Bildung statt Erziehung

Ein in diesem Sinne auf die Ausbildung von Fähigkeiten zielender Unterricht muß jeglichen „Erziehungsauftrag" zurückweisen, der nicht aus den Bedingungen des Unterrichts notwendigerweise erwächst. Die Schule ist zum Beispiel nicht der Ort eines allgemeinen „sozialen Ler-

144

nens" – dafür sind die Familie und die Gleichaltrigen da –, sondern der Ort, wo man lernt, gemeinsam mit anderen *geistige Arbeit* – und nicht irgend etwas – zu betreiben. Die Schule kann nur insofern erziehen, als sie die *dafür* nötigen Tugenden und Verhaltensweisen abverlangt. Damit Unterricht gelingen kann, ist ein gewisses Maß an Selbstdisziplin, an Kooperationsfähigkeit, an Aufmerksamkeit und Artikulationsfähigkeit nötig. Diese Fähigkeiten und Verhaltensweisen muß die Schule mit ausbilden, aber darüber hinaus hat sie keine Legitimation mehr, zu irgend etwas zu erziehen; geschieht dies dennoch, so führt das nur zu einer mehr oder weniger willkürlichen, den jeweiligen Machtverhältnissen unterworfenen Politisierung, die den Konsens einer *allen* weltanschaulichen und demokratisch-politischen Variationen verpflichteten Institution gefährden müßte. Insofern lernt man *in* der Schule *für* die Schule, für das Leben nur insoweit, als das Gelernte dort auch benötigt wird und die erworbenen Vorstellungen auch auf andere Situationen übertragbar bleiben. Unser Plädoyer zielt also auf eine Reduktion und Konzentration des schulischen Anspruchs. Die Schule kann nur noch ein Teil des kindlichen Lebens sein, vielleicht nicht einmal der wichtigste, insofern die Sozialisation außerhalb der Schule nicht hintergangen werden kann.

Entrechtlichung des Unterrichts

Der Bildungsauftrag der Schule kann nur insoweit wieder zur Geltung kommen, als der Unterricht entrechtlicht wird. Da die Verrechtlichung sich insbesondere an den sozialen Folgen von Schulnoten und Zeugnissen festmacht, ist sie nachhaltig wohl nur dadurch zu verringern, daß die Automatik von Schulabschluß und Berechtigung aufgehoben wird. Das gilt vor allem für die

Ebene des Abiturs. Das Abitur darf höchstens noch eine Voraussetzung für die Aufnahme eines Studiums sein, keine automatische Berechtigung mehr dafür. In diesem Falle wären die Zensuren ohne unmittelbare soziale Folgen und könnten wieder stärker eine pädagogische Funktion bekommen (zum Beispiel Maßstab für den individuellen Lernfortschritt sein). Kein potentieller Arbeitgeber, der die Sache durchschaut hat, macht heute die Schulnoten zum Hauptkriterium einer Einstellung, das gilt von der Hauptschule bis hin zu akademischen Abschlüssen. Je weniger nämlich Schule und Hochschule mit ihren Zeugnissen die Zukunft ihrer Absolventen im Blick haben können, um so mehr neigen sie dazu, deren *Gegenwart* etwas Gutes zu tun, zum Beispiel durch relativ „günstige" Beurteilungen. Wie schon gesagt, ist unser Berechtigungswesen eng verbunden mit jener überlieferten Vorstellung des an der Zukunft des Kindes festgemachten sozialen Auf- und Abstiegs. Statt eines solchen Systems von „Schullaufbahnen" brauchen wir ein flexibles Bildungsangebot, das nicht *weite* Zukunftsperspektiven versteinert, sondern kürzere attraktiv macht, die der zunehmenden Gegenwartsorientierung entgegenkommen. Die überlieferten relativ frühen und kaum wieder rückgängig zu machenden Bildungsgangentscheidungen (zum Beispiel nach der Grundschule Übergang aufs Gymnasium) sind historisch überholt.

Ebenso historisch überholt ist die lange Fixierung des Jugendalters auf Schule und Hochschule. Schul- und Studienzeiten sollten im allgemeinen verkürzt, dafür spätere „schulische Phasen" während der Arbeitszeit attraktiv gemacht werden. Die langen Schulzeiten tragen nicht unwesentlich zur pädagogischen Infantilisierung des Jugendalters bei, und je länger die Schule dauert, um so weniger attraktiv kann sie sein, sie hat dann einfach immer weniger zu bieten für die Zeit, die sie beansprucht. Vielleicht ließe sich das mildern, wenn die

Schule sich stärker gegenüber ihrer Umwelt öffnen würde, wenn sie zum Beispiel Aufgaben der sozialen und kulturellen Mitgestaltung dieses Umfeldes übernähme und vor allem Personen aus diesem Umfeld – Politiker, Vertreter von Organisationen, Handwerker usw. – in den Unterricht hinein holte.

„Pädagogische Verantwortung" des Lehrers

Die tiefe Verunsicherung der Schule hat sich nicht zuletzt niedergeschlagen in einer Verunsicherung des Umgangs zwischen Lehrern und Schülern. Die Skala der Beziehungen reicht von traditionell-autoritär bis kumpelhaft. Wenn niemand mehr so recht weiß, wozu die Schule da ist, wird auch unklar, wie man warum miteinander in ihr umgehen soll. Gerät jedoch wieder in den Blick, daß es zentrale Aufgabe der Schule ist, durch Unterricht wichtige Fähigkeiten der Schüler zur Entfaltung zu bringen, dann vertritt der Lehrer dem Schüler gegenüber zunächst einmal eine „Sache", die er ihm beibringen will. Das dafür nötige didaktische Handwerk sollte er möglichst gut beherrschen, ohne dabei Fernsehen und BRAVO imitieren zu wollen. Er sollte seinen professionellen Ehrgeiz darin sehen, Ängstliche mutiger zu machen, Schwächere zu ermuntern und zu fördern und vor den Stärkeren zu schützen. Im übrigen sollte er eine Kommunikationsfähigkeit zeigen, in der auch Humor und Nachsicht einen Platz haben. Fachlich-didaktische Kompetenz plus wenigstens mittlere Kommunikationsfähigkeit – das ist zunächst einmal die Grundlage des „pädagogischen Bezugs", die der Lehrer dem Schüler vorzugeben hat, damit er sich daran orientieren kann. Weder die Sache noch die Kompetenz ihrer didaktischen Präsentation können dem Schüler zur Disposition stehen und also auch nicht die für den Umgang mit der Sache nötigen Verhaltensweisen. Jeder Erwachsene, der von anderen etwas lernen will, weiß das und akzeptiert die entsprechenden Regeln. Sogenannte „Disziplinschwierigkeiten" zu dulden oder überhaupt diese Regeln den Schülern zur Disposition zu stellen ist also kein Zeichen von Großzügigkeit oder von demokratischer Haltung, sondern von Vorenthaltung des schon möglichen Erwachsenenhabitus, von überflüssiger Pädagogisierung.

Aber wie bei den Eltern, so hat auch die „pädagogische Verantwortung" des Lehrers ihre Grenze. Er kann zum Beispiel die fehlende Bereitschaft des Schülers zur Mitarbeit letzten Endes nicht unterlaufen, obwohl ihm möglicherweise die Mär aufgebunden wurde, man könne jeden Schüler motivieren, wenn man es nur richtig verstehe. Fraglich ist vielmehr schon, ob man überhaupt planmäßig und gezielt einen Menschen motivieren kann, oder ob es nicht vielmehr darauf ankommt, vorhandene Motivationen nicht zu zerstören und im übrigen ein Klima zu schaffen, in dem vielleicht neue Motivierungen entstehen können. Die Welle der Pädagogisierung hat die „Machbarkeit" von Lernen und Bildung in sehr unrealistischer Weise propagiert. Hier müssen die Verantwortlichkeiten wieder klar verteilt werden. Die pädagogische Verantwortung des Lehrers hat den Willen zur Mitarbeit zur Voraussetzung, ganz unabhängig vom Maße der Lernfähigkeit. *Jede* Lernfähigkeit kann gefördert und weiterentwickelt werden, aber für den *Willen* dazu ist nicht mehr der Lehrer, sondern der Schüler verantwortlich beziehungsweise – je nach Alter – seine Eltern. Daß es immer am Lehrer liegt, wenn die Schüler nicht lernen wollen, ist einerseits Signal für ein Abschieben der Verantwortung, andererseits ein Gebräu, von dem sich die Pädagogisierung nährt.

Eine weitere Grenze der „pädagogischen Verantwortung" liegt darin, daß der Lehrer nicht Mitglied der Familie seiner Schüler ist und infolgedessen weder die Pflicht noch das Recht hat, die *ganze* Persönlichkeit seiner Schüler „in den Griff zu nehmen". Weder das Seelenleben des Kindes noch überhaupt der Kern seiner Persönlichkeit gehen ihn etwas an. Gestörte Kinder, die vielleicht eine Therapie brauchen, kann er nicht selbst therapieren. Weder die Familie noch die Schule ist eine therapeutische Institution. Zu den Persönlichkeitsrechten der Schüler gehört auch ihre unterhalb der formellen Unterrichtssituation verlaufende „Subkultur" mit ihrem eigenen Jargon und mit eigenen Ritualen; der Lehrer sollte sie weder durch psychologische Tricks in die Hand zu bekommen versuchen noch sich ihr anbiedern. Zum „Anbiedern" gehört auch, diese informelle soziale Dimension zum Gegenstand des Unterrichts zu machen in der Hoffnung, daß dies „motivieren" könne. Solche Hoffnungen trügen fast immer, und zwar vor allem deshalb, weil die Schüler von der Schule etwas anderes, irgendwie „Wichtiges" erwarten, was sie sich gerade nicht selbst beibringen können. Die Schule nimmt die Schüler nicht zuletzt dadurch ernst, daß sie auch die kulturelle Distanz deutlich macht, die zwischen der Subkultur und ihren eigenen Ansprüchen besteht.

„Wahrheit" und „Richtigkeit" als regulative Ideen

Eine sehr problematische Folge des pädagogisierten Denkens ist, wie wir sahen, daß der „Eigenwert" der Sachverhalte aus dem Blick geraten ist zugunsten ihrer Verwertbarkeit beziehungsweise ihrer sozialen Instrumentalisierung. Dies ist ein Problem *allen* Lehrens und Unterrichtens, weil ja die jeweilige „Sache", um verstanden werden können, für das Bewußtsein der Schüler beziehungsweise Studenten umstrukturiert, didaktisch aufbereitet werden muß. Im Akt der Vermittlung ändert eine Sache ihre Struktur, weil sie mit der Erfahrung des

Schülers (zum Beispiel mit seinem bisherigen Wissen) eine Verbindung eingehen muß. Es gibt hier gewissermaßen „Transportverluste". Das Problem gab es auch im Rahmen der alten Bildungstheorie. Aber dort war die Didaktik der Versuch, die Lehr- und Lernbarkeit in der Sache selbst aufzuspüren, in ihrer vereinfachten Grundstruktur oder in ihren exemplarischen Teilen oder in phänomenologischen Reduktionen. Um etwa komplizierte Maschinen begreifbar zu machen, wurde versucht, die notwendigen Elemente von Maschinen *überhaupt* zu ermitteln, um von daher das Komplexe als Variation des Einfachen erklären zu können.

Die modernen Curriculum-Konstruktionen und vor allem kommunikativ beziehungsweise interaktionistisch orientierte didaktische Konzepte haben jedoch diese Art der didaktischen Analyse im Prinzip verlassen. Die kommunikativ orientierten Konzepte verweisen etwa nicht zu Unrecht darauf, daß zumindest bei all jenen „Sachen", die einer Bewertung unterliegen, weil sie für das Leben der Menschen von mehr oder weniger großer Bedeutung sind, diese Bewertungen in die Definition der Sache eingehen, über die dann in der Familie oder Schule kommuniziert wird. Diejenigen aber, die über diese Sache so kommunizieren, seien außerstande, jenseits der Kommunikation einen objektiven Maßstab – also die „Wahrheit" – zu finden. Da andererseits aber jede Definition der Sache gleichberechtigt sei – es sei denn, jemand wie der Lehrer habe die Macht, seine Definition durchzusetzen (und wer will einen solchen Makel schon auf sich laden) –, sei die *Sache* gleichsam nur noch ein *Thema,* das den Anlaß für eine Kommunikation bildet, in der es nicht mehr um die Suche nach „Wahrheit" oder „Richtigkeit" gehe, sondern um die Beziehungsdimension, wie nämlich sozio-emotional mit den Ansichten der anderen umgegangen wird (z. B. autoritär oder tolerant, teilnehmend oder ablehnend usw.).

Nun gibt es sicher soziale Orte, an denen diese Art des miteinander Redens und Denkens ihre Berechtigung hat. Die Familie zum Beispiel ist keine Schulstube, und sich mit der je subjektiven „Wahrheit" der anderen (nicht zuletzt auch der Kinder) auseinanderzusetzen, ist zweifellos wichtig. In politischen Versammlungen und bei Gesprächen im Freundeskreis dürfte es ähnlich sein. Aber jeder, der spricht, glaubt an „seine" Wahrheit beziehungsweise Richtigkeit – falls er die anderen nicht täuscht. Offensichtlich kann niemand auf eine solche regulative Idee verzichten, auch wenn er zum Beispiel aus Höflichkeit „seine" Wahrheit nicht durchsetzen will.

Aber Schule und Hochschule bedürfen dieser regulativen Idee zu ihrer institutionellen Legitimation. Wenn zum Beispiel die Schule nicht mehr den Anspruch erhebt, in ihrem Unterricht herauszufinden, „wie es wirklich ist", dann kann man Schülern nicht mehr weismachen, daß Schule für sie von Bedeutung sei. Sich über etwas angeregt unterhalten kann man auch anderswo. Daß selbst die Wissenschaft Wahrheit und Richtigkeit immer nur annäherungsweise erreichen kann, ist kein Einwand, denn ohne eine solche Idee würde alles Denken in der bornierten Unmittelbarkeit von Kommunikationen steckenbleiben. Schule ist der soziale Ort und Unterricht das dabei nötige Verfahren, diese Borniertheit zu durchbrechen, indem Kommunikationen verpflichtet werden auf eine Idee, die außerhalb ihrer Grenzen liegt. Eine Schule, die dies aus dem Blick verliert und statt dessen die Kinder verwickelt läßt in ihrem gewohnten Denken, Reden und Meinen, pädagogisiert sie nur und enthält ihnen einen Anspruch vor, der sie ein Stück er wachsen machen könnte. Die unterrichtliche Autorität des Lehrers erwächst also nicht nur aus seiner fachlichen Kompetenz, sondern auch daraus, daß er diese regulativen Ideen geltend macht.

Nun hat aber der Unterricht nicht nur eine fachliche

Dimension, sondern – wie bereits erwähnt – auch eine normative. In allen Fällen, wo unterschiedliche *Bewertungen* von Sachverhalten möglich sind, nimmt der Lehrer eine andere Rolle ein. Über Bewertungen gibt es unterschiedliche *Meinungen,* und diese Meinungen beruhen auf unterschiedlichen *Erfahrungen.* Die Erfahrungen von Menschen sind aber grundsätzlich gleichberechtigt, die des Schülers sind nicht „wertloser" oder „schlechter" als die des Lehrers, sondern nur anders. Der Respekt vor anderen Meinungen ist also der Respekt vor anderen Erfahrungen und das heißt: vor einem anderen gelebten Leben. Auf dieser Ebene gibt es also von der Sachlage her – und nicht, weil der Lehrer es „aus pädagogischen Gründen" gewährt – Gleichberechtigung zwischen Schülern und Lehrern. Aber im Unterschied zur Sozialsituation der Familie geht es in der Schule nicht um einen privaten Meinungsaustausch, vielmehr steht hier der gleichberechtigte Austausch von Erfahrungen ebenfalls unter einer die unmittelbare Kommunikation transzendierenden Idee, nämlich der Idee des „richtigen gemeinsamen Lebens". Die individuelle Erfahrung wird eingebracht mit dem Ziel, sie durch den Austausch oder auch die Konfrontation mit anderen Erfahrungen weiterzuentwickeln, sie zu differenzieren und zu präzisieren; insoweit gehört dieser Prozeß zum Bildungsauftrag der Schule. Darüber hinaus aber geht es um die Suche nach Lösungen für das *Gemeinsame* des weiteren Zusammenlebens.

Diese objektivierende Perspektive muß der Lehrer einbringen, um zu verhindern, daß es bei der unverbindlichen Privatheit eines Meinungsaustausches bleibt. Schulischer Unterricht ist also in verschiedener Hinsicht gebunden an „Ansprüche des Objektiven": Sachlich an die regulativen Ideen von „Wahrheit" und „Richtigkeit" und normativ an die regulative Idee des „richtigen gemeinsamen Lebens". Nur insoweit der Un-

terricht sich diesen Ideen unterwirft, kann die Schule etwas Eigentümliches zur Entfaltung der Fähigkeiten ihrer
Schüler beitragen. Alles andere machen die Familien,
die Gleichaltrigen und die Massenmedien mindestens
genauso gut.

Fazit

Kinder müssen ihre Zukunft schon früh selbst verantworten, sie also verinnerlichen. Diese Tatsache bricht die
Macht der Erwachsenen als Erzieher. Daraus muß sich
ein neuer Umgang zwischen den Generationen in der Familie ergeben, aber auch eine Neubesinnung über die
Aufgaben der Schule. Vor allem muß den Kindern ihre
Verantwortung auch tatsächlich entgegen den Tendenzen einer allumfassend Pädagogisierung eingeräumt
werden. Das gilt nicht zuletzt auch für die Schulleistungen. Ganz gleich, wie gut oder schlecht die Schule erscheinen mag, aus der Perspektive der Schüler ist sie
dazu da, in einem begrenzten, aber wichtigen Bereich
ihre Fähigkeiten zu entdecken, damit sich daraus eine
Perspektive des künftigen Lebens entwickeln läßt.

Zur Entdeckung der Fähigkeiten gehört aber auch die
Entdeckung der Grenzen, und mit beidem muß man leben lernen, beides zusammen erst läßt eine Perspektive
für ein selbstverantwortetes Leben entstehen. Kinder haben heute auch außerhalb der Schule eine Fülle von
Möglichkeiten, ihre Fähigkeiten zu entfalten. Mit dem,
was sie daraus machen, müssen sie auch existieren, ohne
daß sie dafür andere – zum Beispiel die Eltern – haftbar
machen können.

Erziehen heißt immer noch in erster Linie unterstützen
und ermutigen, aber immer weniger, auch die Verantwortung für den Erfolg zu übernehmen. Die Kinder wollen
nicht nur früh erwachsen sein, sie müssen es auch in einer Zeit, die die Mauern eingerissen hat, die ihre Kindlichkeit früher umgaben und schützten. So zu tun, als sei
das anders – das eben ist Pädagogisierung. Wir sollten

die Kinder erwachsen sein lassen, ihnen die Verantwortung dafür so früh wie möglich übertragen und ihnen bei den daraus resultierenden Schwierigkeiten unsere Hilfe anbieten.

Literaturhinweise

Allgemeine Literatur

Ariés, Philippe: Geschichte der Kindheit, München/ Wien 1975

Badinter, Elisabeth: Die Mutterliebe. Geschichte eines Gefühls vom 17. Jahrhundert bis heute, München 1981

Beck, Ulrich: Risikogesellschaft, Frankfurt 1986

Braunmühl, Ekkehard von: Zeit für Kinder, Frankfurt 1978

De Mause, Lloyd (Hg.): Hört ihr die Kinder weinen? Eine psychogenetische Geschichte der Kindheit, Frankfurt 1977

Dieckmann, Dorothea: Unter Müttern, Berlin 1993

Dollase, Reiner: Grenzen der Erziehung, Düsseldorf 1984

Elias, Norbert: Über den Prozeß der Zivilisation, 2 Bde. Frankfurt 1977

Flitner, Andreas: Konrad, sprach die Frau Mama... Über Erziehung und Nicht-Erziehung, Berlin 1982

Giesecke, Hermann: Pädagogik als Beruf. Grundformen pädagogischen Handelns, 5. Aufl. Weinheim 1996

Giesecke, Hermann: Wozu ist die Schule da? Stuttgart 1996

Günther, Henning: Kritik des offenen Unterrichts, Bielefeld 1996

Hemminger, Hansjörg: Kindheit als Schicksal? Die Frage nach den Langzeitfolgen frühkindlicher seelischer Verletzungen, Reinbek 1982

Hensel, Horst: Die neuen Kinder und die Erosion der alten Schule, Bönen 1993

Hentig, Hartmut von: Die Schule neu denken, München/ Wien 1993

Korte, Jochen: Faustrecht auf dem Schulhof, Weinheim-Basel 1993

Lenzen, Dieter: Mythologie der Kindheit, Reinbek 1985

Postmann, Neill: Das Verschwinden der Kindheit, Frankfurt 1983

Rehfus, Wulf D.: Bildungsnot. Hat die Pädagogik versagt?, Stuttgart 1995

Rutschky, Katharina: Schwarze Pädagogik. Quellen zur Naturgeschichte der bürgerlichen Erziehung, Frankfurt/Berlin/Wien 1977

Schulze, Gerhard: Die Erlebnisgesellschaft, Frankfurt/ Newyork 1993

Sennett, Richard: Verfall und Ende des öffentlichen Lebens, Die Tyrannei der Intimität, Frankfurt 1983

Shorter, Edward: Die Geburt der modernen Familie, Reinbek 1977

Stephan, Cora: Der Betroffenheitskult, Berlin 1993

Kritische Stellungnahme und Repliken

Domke, Horst: Was heißt „Ende der Erziehung"? Fragen zu Hermann Gieseckes unerfreulicher These, in: Mauermann, Lutz (Hg.): Lehrer als Erzieher, Donauwörth 1987, S. 13–27

Hentig, Hartmut von: Ende, Wandel oder Wiederherstellung der Erziehung? In: Neue Sammlung 1985, S. 475–509. Dazu Giesecke, Hermann: Replik. Vorbehalte gegen eine Sozialpädagogisierung der Schule, in: Neue Sammlung 1985, S. 510–517

Hermann, Ulrich: Verantwortung statt Entmündigung, Bildung statt Erziehung. Zu Hermann Gieseckes Plädoyer für ein „Ende der Erziehung", in: Zeitschrift für Pädagogik 1987, S. 105–114. Dazu: Giesecke, Hermann: Über die Antiquiertheit des Begriffes „Erziehung", in: Zeitschrift für Pädagogik 1987, S. 401–406

Müller, Hans Rüdiger: Vom „Ende der Erziehung": Kritik der pädagogischen Rezeption „postmodernen" Denkens, in: Vierteljahresschrift für Wissenschaftliche Pädagogik 1990, S. 309–334.

Der Autor

Hermann Giesecke, geb. 1932, ist Professor für Erziehungswissenschaft an der Universität Göttingen. Ebenfalls bei Klett-Cotta erschienen ist sein neuestes Buch *Wozu ist die Schule da?,* in dem er sich mit der neuen Rolle von Eltern und Lehrern beschäftigt.

Kinder fordern uns heraus
Ratgeber für die Familie bei Klett-Cotta

Rudolf Dreikurs / Vicki Soltz:
Kinder fordern uns heraus
Wie erziehen wir sie zeitgemäß?
Aus dem Amerikanischen von Erik A. Blumenthal
375 Seiten, broschiert; ISBN 3-608-91763-2

Dieser Erziehungsklassiker ist ein kompetenter, demokratischer Ratgeber bei ganz konkreten Alltagsproblemen. Anhand von 34 Erziehungsprinzipien werden genervte Eltern und entnervte Lehrer dazu ermutigt, weniger direkten Einfluß auf Kinder und Jugendliche zu nehmen und ihnen mehr Autonomie zuzubilligen.

Françoise Dolto:
Scheidung. Wie ein Kind sie erlebt
Aus dem Französischen von Sabine Mehl
152 Seiten, broschiert, ISBN 3-608-91761-6

Gisela Schmeer:
Das sinnliche Kind
142 Seiten, broschiert, ISBN 3-608-91201-0

»Da wird nicht doziert, da werden wir verständnisvoll und humorvoll an vieles erinnert, das wir vergessen oder verdrängt haben. Herzlich und menschlich werden wir zurückgeführt zu den Düften, Lauten, Farben, Bildern und Empfindungen, dem ganzen Aroma unserer Kindheit.«
Kinder

Jeanne Van den Brouck:
Handbuch für Kinder mit schwierigen Eltern
Mit einem Nachwort von Françoise Dolto
Aus dem Französischen von Rainer Redies
132 Seiten, broschiert, ISBN 3-608-91765-9

Ann Dally:
Die Macht unserer Mütter
Warum sie unser Leben prägen
Aus dem Englischen von Irmela Köstlin
288 Seiten, broschiert, ISBN 3-608-91817-5

Klett-Cotta